江苏省社科基金项目编号：21ZZB005

中国社科

角色调适与场域嵌入

苏南地区社会组织参与社会治理的创新机制研究

梁德友　张春花◎著

光明日报出版社

图书在版编目（CIP）数据

角色调适与场域嵌入：苏南地区社会组织参与社会
治理的创新机制研究 / 梁德友，张春花著 . -- 北京：
光明日报出版社，2024.12. -- ISBN 978 - 7 - 5194 - 8309
- 8

Ⅰ. C916.1；D669.3

中国国家版本馆 CIP 数据核字第 202488H0M8 号

角色调适与场域嵌入：苏南地区社会组织参与社会治理的创新机制研究
JUESE TIAOSHI YU CHANGYU QIANRU：SUNAN DIQU SHEHUI ZUZHI
CANYU SHEHUI ZHILI DE CHUANGXIN JIZHI YANJIU

著　　者：梁德友　张春花

责任编辑：刘兴华　　　　　　　　　责任校对：宋　悦　李海慧
封面设计：中联华文　　　　　　　　责任印制：曹　净

出版发行：光明日报出版社
地　　址：北京市西城区永安路 106 号，100050
电　　话：010-63169890（咨询），010-63131930（邮购）
传　　真：010-63131930
网　　址：http：// book. gmw. cn
E - mail：gmrbcbs@ gmw. cn
法律顾问：北京市兰台律师事务所龚柳方律师

印　　刷：三河市华东印刷有限公司
装　　订：三河市华东印刷有限公司

本书如有破损、缺页、装订错误，请与本社联系调换，电话：010-63131930

开　　本：170mm×240mm
字　　数：207 千字　　　　　　　　印　　张：14.5
版　　次：2025 年 8 月第 1 版　　　　印　　次：2025 年 8 月第 1 次印刷
书　　号：ISBN 978 - 7 - 5194 - 8309 - 8
定　　价：89.00 元

前　言

　　毋庸置疑，经济发达地区在我国社会治理格局中具有特殊地理位置和治理逻辑。由此，经济发达地区的社会治理天然具有"先行先试"和"标杆示范"导向功能。探索"中国之治"背景下苏南地区社会组织共治问题，对于引领新时代社会治理创新发展，整体提升我国治理体系和治理能力现代化水平，具有较强的理论价值和强烈的现实意义。

　　社会组织参与社会治理是指社会组织作为独立于政府和市场之外的第三方力量，充分发挥自身"组织性、非政府性、非营利性、自治性、志愿性"的特点，以自主、专业、平等的主体身份协同其他社会主体共同参与社会治理的实践过程。从主体资格来看，社会组织自身具有的内涵属性决定了其是天然治理主体；从共治价值来看，社会组织能够有效弥补"政府失灵、市场失效、志愿不足"的缺陷，做到有效积极补位和治理到位；从治理格局来看，社会组织参与社会治理是实现社会治理结构均衡化的前提和必要保障；从治理功能看，社会组织在社会治理中能够起到"减肥剂""黏合剂""连心桥""安全阀"以及"减震器"等作用。尤其在突发重大公共事件、基层社区服务、养老助残等层面，社会组织既有"资讯—预警""协商—对话""平台—服务""教育—建设""修复—善后"等功能，又是新时代社会治理不可或缺的治理力量。换言之，社会组织参与社会治理是社会组织"社会性"属性的内在诉求和其作为治理主体的内在要求，是公共事务领域多元治理要素相互博弈、对立统一的必然结果和发展趋势。因此，社会组织参与社会治理的价值和意义不仅在于能够打破长期以来社会治理主体单一、模式僵化、方式简单的社会治理现状，而且可以促进社会治理结构均衡化发展，从而实现治理效果"帕累托最优"。

社会组织参与社会治理研究是20世纪70年代西方社会治理改革衍生出来的一个学术热点问题。其中，以制度分析学派的多中心治理、萨拉蒙的"新治理"以及公共治理为代表的社会治理理论是最主要的学术成果。而以"公共性管理范式"为核心的"公共性理论"和探讨价值共享如何能的"价值共创理论"是西方学界研究社会组织参与社会共治问题的又一思路，进而有效弥补了社会治理理论"治理有余"而"合理性"不足伦理缺陷的同时，也为社会组织参与社会共治提供了合法的理论依据。同时，马克思主义社会治理理论、习近平创新社会治理的新理念新思想、"第三部门"理论、"善治"理论以及志愿失灵理论等为苏南社会组织参与社会治理提供了理论基础和思想资源。

自20世纪90年代以来，苏南社会组织发展迅猛，社会治理功能不断提升，呈现出数量大、规模大、参与度高和专业性强的"二大一高一强"的良好发展态势。在治理机制探索、治理制度安排、治理模式创新以及社会组织自我完善和治理改革等层面都取得了巨大成就，走在了全国前列。但调研也发现，苏南地区特殊的地理位置决定其社会组织参与社会治理具有自身独特的"叙事方式"和"出场逻辑"，其参与社会治理的"特殊矛盾"和"特殊规律"也决定着苏南社会组织参与社会治理所面临的困境。这种困境主要表现为部分社会组织治理边界定位不清，社会组织自身发展良莠不齐，专业人才和队伍发展受限，社会组织治理能力有待提升等方面。通过苏、锡、常地区典型案例分析可知，造成社会组织参与社会治理困境的根源既有法律制度、治理空间和社会格局等"结构性障碍"，又有社会组织主动性不强、治理手段单一、参与能力有限、参与意愿不高、专业性志愿性不足以及公信力较低等自身"内生性不足"的因素。换言之，"结构性障碍"和社会组织"自身内生力"不足共同造成苏南社会组织参与社会治理时面临角色冲突、紊乱，甚至角色失败等功能失调的原因。

为此，应破解"中国之治"和"中国之鉴"背景下我国经济发达地区社会组织参与社会共治困境，从"顶层设计"和"具体制度变革"角度探讨新时代苏南地区社会组织参与社会治理的有效机制，推动我国社会治理格局研究的本土化理论创新。

（一）党建引领：完善顶层设计，搭建引领机制。一是党建引领，提升法治意识与政治素养；二是制度关怀，持续优化支持保障体系；三是督导评估，与时俱进创新评估机制；四是完善立法，拓展社会组织参与群体性事件的制度空间。

（二）五社联动：交融共进发展，构建共治共享格局。一是坚持全面协调，"牵手"结对推动全局发展；二是坚持历史担当，积极入局，主动躬身作为；三是坚持问题导向，提升社会工作实务能力；四是坚持培养人才，加强社会治理专业水平。

（三）协同共治：多元主体协同参与，提升治理绩效。一是媒体引入，宣传榜样典型；二是公议公开，促进良性互动；三是监督反馈，落实"最后一公里"。

（四）增权赋能：社会组织治理模式与手段的创新。一是借力科技，搭建多元主体协同平台；二是靶向设计，构建"点单—接单"对接机制；三是强化指导与培训，提高社会组织治理的专业化水平；四是创新社会治理模式，提高社会组织治理能力；五是他律与自律相结合，提高社会组织公信力。

（五）"合规"管理：防范社会组织治理风险。一是明确社会组织"合规"的本质内涵及功能；二是从非政府性、非营利性、公益性侧面确立社会组织"合规"目标；三是从内容和实践两个层面加强社会组织"合规"管理。

目 录
CONTENTS

第一章

导论：社会组织参与社会治理创新研究引论

苏南地区是长三角地区的核心腹地，更是我国经济发达板块的核心区域。作为经济发达地区社会治理的活跃主体，苏南社会组织在区域治理中发挥着重要作用。因此，立足于苏南区域发展特性，探讨并完善经济发达地区社会组织参与社会共治的体制机制，对于促进包括苏南在内的经济发达地区社会治理体系和治理能力现代化意义重大。

第一节 选题的缘起与研究意义

经济发达地区社会治理具有"先行先试"和"标杆示范"导向功能。探索"中国之治"背景下苏南地区社会组织共治问题，对于引领新时代社会治理创新发展，整体提升我国治理体系和治理能力现代化水平，具有强烈的现实意义。

一、选题缘由

客观地讲，社会组织一直是苏南地区重要的、活跃的治理主体。但由于种种原因，其治理功能没有得到深度挖掘和充分发挥也是不争的事实。因此，找到新社会组织，充分发挥苏南社会组织参与区域社会治理功能，提升苏南区域治理水平和治理能力现代化就成为本选题的"初心使命"。

具而言之，以苏南地区社会组织参与社会治理机制作为选题，主要是缘于以下三方面。

一是社会组织发展面临新机遇，社会组织渐成社会治理新主体。"社会组织"又称为"民间组织""非政府组织""非营利部门"，党的十七大以后，"社会组织"才开始成为官方的统一称谓。目前，我国民政部门登记的社会组织主要包括社会团体、民办非企业单位和公益基金等。有研究发现，新中国成立以来，我国社会组织的发展经历了八个拐点①，数量不断增加，已经成为我国社会治理的重要主体。权威统计数据显示，随着社会发展，截至 2021 年年底，《中国社会组织报告（2022）》发布社会组织总量突破 90 万个。其中教育类社会组织288 341个、文化类社会组织76 635个、社会服务类社会组织137 475个、工商服务类社会组织53 093个、体育类社会组织60 176个；卫生领域社会组织共42 833个、农业及农村发展领域的社会组织47 467个、环保类社会组织3 925个以及科技类社会组织25 514个。尤其是近年来，随着我国社会治理的不断深化，社会组织已经在环境、治安、物业、文化、养老、托育、精神慰藉、心理咨询、乡村振兴以及诸如疫情防控重大突发事件等发挥着越来越重要的作用。例如，2021 年，江苏省积极引导社会组织参与乡村振兴，开展各类帮扶项目 7600 余个，投入资金 6.95 亿元。②

二是社会治理面临新课题，亟须探索社会治理新思路。中共十八届三中全会提出"推进国家治理体系和治理能力现代化"。国家治理体系和治理能力现代化研究的关键是"政府—社会""政治—市场"以及"政府—社会组织"的关系。换言之，国家治理体系和治理能力现代化的实现，不能忽视社会组织作为重要主体的治理功能。近年来，我国进入新时代，我国社会治理

---

① 潘修华. 我国社会组织的演进历程、现状与发展路径 [J]. 党政研究，2017（2）：110-117.

② 慈善公益报.《中国社会组织报告（2022）》发布社会组织总量突破 90 万个 [EB/OL]. 百家号，2022-11-21.

也面临着新课题和新挑战。重大突发事件的"确定性"和"不确定性"以及随之而来的经济增长放缓、消费理念转变、生活方式变化以及心理预期改变等要求改变原有的治理模式和治理路径，呼唤新的治理主体参与社会治理。再如，当下，国际上一些国家"退群"、废约、"卡脖子"、"脱钩"、筑墙、排外以及所谓的"供应链联盟""价值观联盟"等不断涌现，对包括中国在内的世界各个国家的治理提出了新挑战。因此，完善治理体系，提高国家社会治理现代化水平，已经成为当下和今后较长一段时期内社会治理实践不可忽视的理论课题。因此，《中共中央关于全面深化改革若干重大问题的决定》（以下简称《决定》）提出："正确处理政府和社会关系，加快实施政社分开，推进社会组织明确权责、依法自治、发挥作用。"《决定》对社会组织能力建设提出了更高的要求和期待，体现党对培育和发展社会组织能力的重视。①

三是苏南地区社会组织"区域性特征"，彰显苏南社会组织社会共治的价值性、重要性和必要性。众所周知，苏南即江苏省南部地区，系长江三角洲腹地，也是"世界制造中心"的核心板块。苏南不仅是江苏经济最发达的区域，也是中国经济最发达、现代化程度最高的板块之一。近年来，伴随着经济突飞猛进地发展，苏南地区"社会组织数量快速增长，尤其是经济类、公益慈善类、民办非企业单位和城乡社区服务类等重点领域的社会组织发展加速，形成了比较健全的社会组织发展体系"②。2013 年 5 月，国家发展改革委正式发布了《苏南现代化建设示范区规划》，标志着苏南地区将在全国率先实现区域现代化，成为全国现代化建设示范区。而区域经济发展的不平衡，决定了经济发达地区社会组织共治具有自身的"叙事方式"和"出场逻辑"。因此，探索"中国之治"和"中国之鉴"背景下我国经济发达地区社

---

① 刘志辉，赵婧．国家治理能力现代化视阈下社会组织能力赤字及其破解：基于对174 个社会组织的调查研究［J］．学会，2017（6）：5-12.

② 孙燕．关于提升江苏省苏南地区社会组织服务管理水平的调研报告［J］．学会，2012（7）：20-27.

会组织共治的"特殊矛盾"和"特殊规律"，重构本土化分析框架和模式，从而实现我国社会治理格局研究的本土化理论创新。换言之，把社会组织微观理论嵌入"中国之治"鲜活案例中，探讨"政党—国家—社会"背景下社会组织参与社会治理的有效路径，创新经济发达地区社会组织共治机制，构建经济发达地区社会组织与其他治理主体"共建共治共享"，进一步丰富和完善新时代社会治理格局研究的本土化理论创新。

二、研究价值与意义

本书研究的学术价值：（1）基于区域发展的差异性和治理结构的独特性，已有分析框架推演的治理模式难以在经济发达地区形成有效的具有"普适性"和"落地生根"的分析框架。本书立足于长三角治理实践，建构经济发达地区社会组织共治的分析框架和共治模式，丰富我国社会组织治理理论。（2）分析社会组织与其他治理主体在治理格局中的互动关系和治理边界，探索经济发达地区社会组织共治的"特殊矛盾"和"特殊规律"，补齐社会组织研究短板，推动我国共建共治共享的社会治理格局研究的本土化理论创新。

本书研究的实践意义：（1）经济发达地区社会治理具有"先行先试"和"标杆示范"导向功能。探索"中国之治"背景下经济发达地区社会组织共治问题，对于引领新时代我国社会治理走向，整体提升我国治理体系和治理能力现代化水平具有强烈的现实意义。（2）社会组织是经济发达地区社会治理的活跃主体和重要主体，其共治效果直接关涉区域治理的水平和质量。完善经济发达地区社会组织共治的体制机制，可以为政府制定、调整社会组织政策提供理论依据和政策建议。

第二节　社会组织参与社会治理研究：一个文献综述

何为治理？英语中的"治理"（Governance）一词可以追溯到古典拉丁

语和古希腊语中的"操舵"一词，原意指控制、指导与操控。① 社会治理是国家治理的重要方面，社会治理现代化是国家治理体系和治理能力现代化的重要组成部分。社会组织是国家治理的重要主体和依托，是政府善治不可或缺的推动力量。中国场域下的社会治理涉及多种主体通过平等的合作、对话、协商、沟通等方式，依法对社会事务、社会组织和社会生活进行引导和规范，最终实现公共利益最大化的过程。在我国，社会组织共治问题在本体论上依然可以归为"区域治理"范畴，立足"中国之治"，社会组织参与社会治理成为当前思想政治教育的前沿课题。

一、国内研究

在国内，社会组织共治问题在本体论上依然可以归为"治理"范畴。立足"中国之治"，国内学界坚持借鉴与创新相结合，初步构建了"社会组织共治"研究的本土化理论体系。

研究内容方面，学界从历史、逻辑和实践等多重维度探讨了中国场域下社会组织共治的价值、意义、面临的困境以及实现可能性（景天魁，2012；黄建洪，高云天，2020；冯钢，2012；沈东，2020；郑杭生，2011；刘开君，卢芳霞，2019 等）；研究方法层面，阐释主义和实证主义两大传统兼而有之，就具体研究方法而言，则出现了多学科共同参与、多种方法交叉融合的趋势（童星，2017）；研究范式层面，实现了从"善治"到"服务型政府"再到"社会治理现代化"的学术演绎（俞可平，2014；张康之，2014；金太军，2016；耿亚东，2020）。尤其是近年来，与我国社会治理实践相呼应，研究范式日趋多元。既有"官民共治社会治理新格局"的理论创新（俞可平，2011），也有"上下层组织合作的 U+B 治理模式"的建构（马玉洁，2014），更有政府、市场、社会组织等多元主体协同治理的本土化制度设计（倪永贵，2019；燕继荣，2017；胡重明，2020），丰富和发展了我国社会组织共治

---

① 郑杭生. 社会和谐与公共性 ［C］// 前沿创新发展：学术前沿论坛十周年纪念文集（2001—2010 年）. 2011.

研究的理论谱系。

具而言之，国内研究主要聚焦以下三方面。

（一）现状与问题方面的研究

总体而言，在共建共治共享的社会治理格局背景下，我国社会组织参与社会治理的制度空间、参与条件以及社会组织的主动意愿等因素都发生了根本性的改善和积极的一面。也正因为如此，近年来社会组织参与社会治理方面才取得了显著的成效。学界普遍认为，社会组织参与社会治理不仅可以累积社会资本，动员社会资源，促成社会合作，而且可以满足社会对公共物品多样化的需求，提高公共服务供给水平。更为重要的是，治理格局中的社会组织可以在政府部门与民众之间牵线搭桥，助推社会矛盾化解机制。然而，囿于机制与体制以及社会组织自身等多重因素制约，我国社会组织参与社会治理在政府、社会组织与合作机制等层面仍存在着诸多阻滞性障碍。针对这一现状，我国学者从不同层面展开了跨学科研究，成果丰硕。王帆宇认为，当下，我国社会组织参与社会治理方面存在的问题有"政府职能转变滞后、社会组织支持、监管体系缺失；社会组织专业化职业化程度低、公信力不足、自治性弱、筹资渠道狭窄；政府与社会组织、社会组织与企业以及社会组织与社会组织之间合作机制不畅等"①。孟晓玲、冯燕梅指出："社会组织存在不平衡不充分的矛盾、社会组织行政依赖与自主诉求间的困境、体制机制和参与治理空间的低位匹配、政治引领与社会组织发展目标的导向错位等方面不足"②。换言之，我国社会组织区域发展不平衡，发展受众不充分，发展的数量、程度、格局较小，并且社会组织对政府的依赖度较高，独立性、科学性发展不充分，社会组织参与社区治理的能力和专业性还有待进一步提高。

---

① 王帆宇. 社会组织参与社会治理：现实困境与优化策略 [J]. 湖北社会科学，2018（5）：38-45.
② 孟晓玲，冯燕梅. 我国社会组织参与社区治理的模式、困境与路径 [J]. 西安财经大学学报，2021（3）：109-118.

当然，随着社会发展和我国公共领域中第三方社会力量的崛起和成熟，社会组织逐渐走向治理中心，成为基层多元共治的重要治理主体之一。在社会工作"重心"不断向基层下移的过程中，社会组织参与社会治理的"量"在不断扩展，"质"在不断提升，这一现象在凸显社会组织共治的价值性和必要性的同时，也对社会组织的治理能力提出了更高要求。随着这一问题的深入，社会组织作为重要主体参与社会治理面临的问题和困境也被学界所关注，诸如社会组织发展存在时间较短、经验不足、管理不善等问题，以及社会组织普遍存在着感召力不强等问题都开始引起学界的注意。主要体现在以下层面：（1）社会组织的逐利倾向。由于社会组织在参与社会治理的过程中仅仅把自己当作是"活动"的被动参加者，在实践的过程中没有考虑到公益性的问题，从而成为资本的附庸。（2）社会组织组织力不足。这主要体现在组织内部管理松散、规章制度不健全、公众合作能力差等方面。（3）社会组织的主体角色问题。在传统的话语体系中，社会组织很难与政府之间形成平等的伙伴关系。在陈义平看来"我国社会治理一直是党和政府主导下的近似于'单元'式管理模式"[1]。简言之，在社会治理的过程中，社会组织往往会依附于政府，难以最大程度发挥社会组织的主体能动性。

（二）社会组织参与治理的模式研究

国内学者对社会组织治理模式及其实现路径的研究，总体上遵循"政府—社会"分析框架而展开。从本质上讲，作为非政府组织，社会组织具有民间性、非营利性和自治性的根本特征[2]，因此，社会组织是不以营利为目的的为社会做更多贡献的组织形式。国内学者的相关研究与著名学者莱斯特·M. 萨拉蒙（Lester M. Salamon）关于"社会组织"特征的表达不谋而合。随着中国社会结构的变迁和裂变，社会组织参与社会治理的模式越来越

---

① 陈义平. 社会组织参与社会治理的主体性发展困境及其解构 [J]. 学术界，2017（2）：65-74.

② 李庚伦，郭华. 近几年来我国非政府组织的研究综述 [J]. 学会，2011（12）：13-18.

受到学者们的关注，以前的社会管理逐渐变成一种包括政府、社区、个体、社会组织等在内的"多中心主体"的开放式公共治理。① 相比较西方国家"大政府、大社会"治理模式，我国社会组织参与社会治理的呼声高涨，因此，长远来看，多元主体协同治理模式逐渐被学界认可。不过也有学者对此并不乐观，他们认为，"这种思路的实现目前还存在一定的困难，主要原因在于社会的发育尚不成熟"②。"社会组织很难发展成为国家之外的独立力量"③，这就使得中国的治理模式呈现出"大政府、小社会"的状态。

　　由此可见，关于社会组织参与社会治理模式，当下学术界已经进行了高度探讨，这些研究无疑具有重要的价值和启发意义，也为本书夯实了研究基础。但是，学术界对社会组织治理模式、治理功能层面的研究并未形成学术共识，导致不同领域、不同话语体系或语境的研究中的内容对话困难，从而制约了学界对社会组织治理模式的深层次研究。特别是，学术界只是较多地对社会组织治理模式的价值和治理功能性开展研究，对其背后的制约性因素的研究欠缺，缺少科学层面上对社会组织参与社会治理的功能、困境及对策的提升和凝练。④

　　（三）学术视角与范式方面的研究

　　社会治理强调"治理"而非"管理"，不是简单的词语变化，而是国家治理理念和治理思想的根本性转变。打造社会治理共同体这一社会治理"新格局"，表明了我们党对社会发展规律的探索、对社会实践动态的深刻把握。所谓"新格局"，就是打破原有的传统思路和模式后形成的一种长期的、稳定的发展形态。在社会治理变革的过程中，社会治理要不断汲取新的知识以及新的方法，如果仅仅是在旧的框架中迂回变化，很难有新的突破，即便出

---

① 陈振明. 强化我国政府社会管理职能的对策思考：《"政府社会管理"课题的研究报告》之四 [J]. 东南学术, 2005 (4)：29-38.

② 刘丹，张昱. 中国社会的治理实践及其优化 [J]. 领导科学, 2021 (18)：12-15.

③ 刘丹，张昱. 中国社会的治理实践及其优化 [J]. 领导科学, 2021 (18)：12-15.

④ 郭风英. 社会组织参与社会治理的责任与困境 [J]. 云南行政学院学报, 2015, 17 (4)：156-160.

现新事物，却容纳在旧框架中，对于整个社会的发展则是有百害而无一利。张康之认为，社会治理在长期的社会实践过程中实现了理性构建，应当在致力于社会治理模式变革的研究中，开展社会治理知识的生产活动，从而实现实践产生理论，理论指导实践。①

进入新时代，我国经济发展进入新常态。社会组织治理问题与整个社会治理创新发展紧密相关，社会组织作为治理主体成为嵌入治理结构的重要一环和主体之一。也就是说，每一次经济社会的发展变革，都会带来整个社会治理系统的优化升级。换言之，社会组织参与社会治理不仅要与经济发展新常态相互匹配，而且自身也要不断进行角色调适和自我完善，不断适应治理大环境的需要。在社会治理新常态中，社会组织参与社会治理被定义为社会组织与政府管理、社区自治、社会自我管理的良性互动，以保障人民群众的基本正当权利实现机会平等，以促进民生领域发展和再分配实现结果正义，以完善法律程序和弘扬法治精神实现司法正义。可见，社会组织参与社会治理的宗旨在于增强社会发展活力，积极回应公众利益诉求，促进社会公平正义。因此，国内学界经常将经济新常态作为社会组织参与社会治理的研究视角及其范式创新。例如，郁建兴认为，面对社会治理新常态，我们要在厘清边界、建立网络、要素下沉和"三治合一"方面做出努力，以法治思维和方式引领多元主体共同参与治理公共事务。② 金太军、鹿斌也认为，经济新常态为社会治理新常态塑造了当下社会发展的现实环境，面对新时期、新形势、新挑战，转变政府职能，政府放权、合理分权，建立更具规范化、法制化、合作性的现代地方政府。③

（四）实现路径与分析框架方面的研究

从宏观层面看，当下社会治理既面临全球化、信息化的浪潮的挑战，也

① 张康之. 论社会治理中的知识 [J]. 学海，2014（5）：20-28.
② 郁建兴. 走向社会治理的新常态 [J]. 探索与争鸣，2015（12）：4-8.
③ 金太军，鹿斌. 社会治理新常态下的地方政府角色转型 [J]. 中国行政管理，2016
（10）：11-15.

面临亨廷顿所说的现代化风险和贝克、吉登斯所言的风险社会之风险。同时，新时代我国社会进入"改革深水区""战略机遇期"与"矛盾凸显期"并存的时期。因此，从这一层面看，我国社会组织参与社会治理面临着复杂的环境背景。因此，针对社会治理的策略路径问题，学者进行了多学科多范式的理论探讨。例如，童星提出，从社会风险角度出发，建立阻断和化解社会风险矛盾的制度安排。① 而针对民族地区的社会治理，杨先情、邓国胜提出了"社会组织—政府"以及"社会组织—社区"的双向嵌入关系模式。② 郁建兴提出"实现自治、法治、德治'三治融合'的体制机制设计和载体创新"。即在自治载体中体现法治德治，法治载体中体现自治德治，德治载体中体现法治自治，三者相互渗透，既发挥政府有推有退的角色，也激发社会公众参与社会治理的热情。③ 刘开君、卢芳霞从基层社会组织化的视角认为，进入新时代，我国的社会发展进入新常态，要充分利用现代技术工具，重塑基层治理结构，确保基层社会治理的高效性。④

在基层社会治理中，学界提出"网格化"治理路径和方法。"网格化"治理本质上是将基层自治组织治理界域细化为便于复制和考核的网格模式，通过信息化平台实现基层社会治理的精准化。⑤ 这样做使得社会组织群体精细化，形成区块模式，加强社会组织参与的力度和机会。不过，"网格化"治理在实践中也面临诸如"政府要求"与"社会组织诉求"之间的矛盾等问题。为此，陈荣卓、肖丹丹认为网络化治理要搭建政府、社会、居民三者之

---

① 童星. 中国转型期社会风险与治理 [J]. 中国党政干部论坛, 2017 (5): 7-11.
② 杨先情, 邓国胜. 双向嵌入与公众倡导：社会组织参与民族地区社会治理的创新路径 [J]. 贵州民族研究, 2021 (6): 91-95.
③ 张文显, 徐勇, 何显明, 等. 推进自治法治德治融合建设, 创新基层社会治理 [J]. 治理研究, 2018, 34 (6): 5-16.
④ 刘开君, 卢芳霞. 再组织化与基层社会治理创新：以"枫桥经验"为分析案例 [J]. 治理研究, 2019, 35 (5): 98-104.
⑤ 冉昊. 基层社会治理视角下的网格化治理：创新、挑战与对策 [J]. 治理现代化研究, 2019 (1): 74-79.

间良性互动的平台。① 针对"网格化"治理运行中存在的官僚模式和强烈的行政化属性，孙柏瑛、于扬铭提出改革政府管理职能边界，运用网格管理信息化平台和资源整合优势，发展基层社会组织公共服务能力。②

在研究框架上，"国家—社会"是主要的分析框架和学术路径。郭亮等人从近代以来中国的"家"和"国"演变关系的视角出发，认为面对基层治理自主空间的挤压，应重新推动基层治理模式的转型。③ 孙晓春同样从传统的治理观念出发，认为社会治理的成功主要在治理制度的健全，同时认为走向现代国家治理的重要一环应是反思中国传统治理观念，建构与现代国家治理相适应的观念，为现代国家治理提供充分的理论支持；④ 在具体的研究方法上，乔军华、刘远、俞明传采用 CGSS2015 数据分析方法，探讨了社会治理水平与居民生活幸福感之间的关系。实验结果表明，在社会治理过程当中，城市、乡村应该做到"两手抓，两手都要硬"。为此，学者们提出兼顾城乡之间治理平衡，增加农村社会治理资源，以有效促进农村居民的幸福感。⑤ 而李青霞则以"制度环境+组织能力"为解释框架，运用模糊集定性比较分析方法，探讨了提高社会组织参与社会治理的有效性以及其作用机制：其一，通过社会组织社会认同与"规范治理+组织资源"的条件组合；其二，积极的政府支持策略、良好的组织资源与规范的组织治理之间的联动匹配。⑥

另外，多元主体协同共治也是近年来学界关注的分析框架之一。张康之

① 陈荣卓，肖丹丹. 从网格化管理到网络化治理：城市社区网格化管理的实践、发展与走向 [J]. 社会主义研究，2015（4）：83-89.

② 孙柏瑛，于扬铭. 网格化管理模式再审视 [J]. 南京社会科学，2015（4）：65-71.

③ 郭亮. 家国关系：理解近代以来中国基层治理变迁的一个视角 [J]. 学术月刊，2021，53（5）：96-105.

④ 孙晓春. 中国传统治理观念的现代反思 [J]. 天津社会科学，2020（4）：83-90.

⑤ 乔军华，刘远，俞明传. 社会治理水平提升居民幸福感的门槛效应 [J]. 上海师范大学学报（哲学社会科学版），2021，50（4）：115-124.

⑥ 李青霞. 制度环境、组织能力与社会组织参与社会治理的有效性：基于定性比较分析方法的研究 [J]. 学习论坛，2021（1）：91-98.

认为，多元社会治理主体共同治理社会前提是根除行政傲慢，建设服务型政府。① 耿亚东提出，以大数据时代为依托，瓦解治理体系"中心—边缘"结构，拖动治理主体去中心化。② 但是，从整体而言，多元主体共治，尤其是社会组织参与社会治理在实践中还面临诸多问题。因为，多元主体协同治理，既要保证社会组织作为治理主体的主动性和积极性，又要保证多元主体协同充分发挥治理的有效性。为此，俞可平提出"善治"概念，指出善治是政府与其他社会主体共同治理（管理）公共生活的一种最佳治理状态。③ 倪永贵认为，社会组织与政府等主体良性共治，必须坚持平等理念，构建平等、信任、开放、合作和共享等价值观念，最终形成信任型合作模式。④ 燕继荣则提出"公共治理"分析框架："政府之手""市场之手""社会之手"协同共治。⑤ 而马玉洁基于治理实践，提出"U+B 结构"治理模式，允许公众自治具有更大的弹性，根据所面临的具体事务，时而更加独立，时而通过公众参与的方式来实现整个治理单元的功能，显示出公众自我治理的潜力。不过由于我国治理实践中集体利益不足、公共事务稀薄、组织规模较大等原因使得"U+B"治理模式难以全面推广。⑥

简言之，针对社会组织参与社会治理问题，国内学者从不同角度、不同方面进行了深入研究，成果丰硕，为本书夯实了研究基础。

---

① 张康之. 社会治理创新与服务型政府建设［J］. 中国人民大学学报，2014，28（2）：1.
② 耿亚东. 服务型政府的促进型治理：在去中心化中谋求合作［J］. 治理现代化研究，2020，36（1）：62-69.
③ 俞可平. 善治与和谐社会［C］//北京论坛（2011）文明的和谐与共同繁荣——传统与现代、变革与转型："协商民主与社会和谐"政治分论坛论文及摘要集. 北京：北京市教育委员会，2011：7.
④ 倪永贵. 政府与社会组织合作治理模式创新趋向研究：以温州市为例［J］. 北京交通大学学报（社会科学版），2019，18（4）：63-68.
⑤ 燕继荣. 中国社会治理的理论探索与实践创新［J］. 教学与研究，2017（9）：29-37.
⑥ 马玉洁. 社会治理的模式研究与路径选择：基于重庆 W 县的经验研究［D］. 北京：北京师范大学，2014.

二、国外研究

在国外，社会组织参与社会共治是近 30 年来政治社会学研究的热点。社会组织与政府、市场、公民等主体之间的逻辑边界和互动关系是西方学界长盛不衰而又津津乐道的研究焦点。以制度分析学派的多中心治理理论、萨拉蒙的"新治理"理论，以及公共治理等为代表的社会治理理论是这一研究的主要理论贡献（埃莉诺·奥斯特罗姆，2012；Salamon & Elliott，2002；罗西瑙，2001）。作为一种应对多样、动态和复杂问题的新思维，社会治理理论提出的社会组织参与社会治理、政社合作、协同治理以及权责对等的制度模式成为解释现代国家与社会结构变化特征的规范性分析框架并日益受到学界重视（Royce Hanson，1987；Vladimir，2006；罗伯特·阿格拉诺夫，2007）。

公共性理论和价值共享理论是西方学界研究该问题的又一理路。前者以"公共性管理范式"（publicness management paradigm）为核心，探讨社会治理中的"公共性"和社会组织参与社会共治"何以可能"问题，令学术界耳目一新（Lowi，1979；凯尔曼，1990；Bozeman，2004）；后者则从价值属性与伦理的视角研究社会组织与其他社会治理主体之间"价值共享"（creating shared value）"如何可能"问题（Michael E. Porter，2011；Mark R. Kramer，2011；Schmitt，2014；Pfitzer，2013）。公共性理论和价值共享理论不仅弥补了社会治理理论"治理性"有余而"价值合理性"不足的缺陷，而且以严谨的理论关怀和缜密的制度分析展示了社会组织参与社会公共治理论的独特魅力，标示了该研究领域未来发展的一种趋向。

三、简要述评

综上，针对研究课题，国内外学界已经表现出一定的理论自觉和学术担当。尤为可喜的是，随着治理实践的深入，该问题也走过了"是什么、为什么"等"价值理性"研究阶段，开始探讨社会组织有序参与社会共治的制度、政策等"实践理性"阶段，为本书夯实了研究基础。

但就整体而言，已有研究大多从"一般意义上"或"普遍性"方面探讨社会组织共治问题，而对于特定区域内社会组织参与社会共治面临的结构困境、区域特质、路径依赖以及地方治理偏好等理论问题却鲜有涉及。特别是对经济发达地区社会组织共治过程中所呈现出来的区域性特征和表现出来的"特殊矛盾"和"特殊规律"等问题缺乏足够的理论自觉，尚存在诸多学术盲点。经梳理文献发现，相关研究不足20篇，且大多停留在理论演绎层面，而既有理论深度又有政策价值的成果则是凤毛麟角。这种不足一方面显示了已有的学术努力远远不能满足当下我国经济发达地区社会组织参与社会共治的现实需要，该研究领域的一些基本概念、相关理论及政策设计仍需要进一步的理论建构和学术努力；另一方面也为本书留下了研究空间和进一步拓展的可能。

第三节　研究对象与总体框架

本书以"经济发达地区社会组织"为研究对象，并围绕这一对象开展研究，探讨苏南社会组织参与社会治理"是什么""为什么"和"怎么办"。

一、研究对象

整体而言，本书以"经济发达地区社会组织"为研究对象。需要说明的是，本书的"社会组织"是一个本土化的社会学概念。从内涵而言，本书的社会组织是属于美国社会学家塔尔科特·帕森斯（Talcott Parsons）所说的非正式组织，符合莱斯特·M.萨拉蒙"组织性、非政府性、非营利性、自治性、志愿性"特征。从外延上讲，本书的社会组织既包括注册登记得到批准或备案的社会团体、机构商会、民办非企业单位及基金会等，也包括尚未登记注册的草根性组织。

二、总体框架

（1）分析框架与共治模式的本土化建构。立足社会学、政治学已有的基本理论范式和理论基础，结合我国协同治理的成熟理论范式，以习近平新时代中国特色社会主义思想为指导，以社会组织理论、治理理论等为理论工具，从"社会组织—政府—市场—公民"多维框架建构经济发达地区社会组织共治的本土化模式。

（2）经济发达地区社会组织共治现状分析。运用沉浸式考察法，通过近距离观察和深度体验、问卷调查、评估反馈和大数据挖掘，从制度、模式、路径，以及结构要素互动关系等层面对经济发达地区社会组织共治的结构性障碍和合法性困境进行实证研究和归因分析。

（3）经济发达地区社会组织共治的"特殊矛盾"和"特殊规律"。选取苏、锡、常三市中社会组织参与社会共治的典型案例，探讨苏南地区社会组织共治的内生逻辑、发生机制、参与动力和行动策略，研究和分析经济发达地区社会组织共治的"特殊矛盾"和"特殊规律"。

（4）不同经济发展状况地区社会组织参与社会共治的比较研究和绩效评估。根据经济发展程度，分别选取经济发达地区、欠发达地区和经济发展中地区的部分社会组织，分别从理念、模式、渠道、途径、政策和治理绩效层面对不同经济发展状况地区社会组织共治状况和特征进行比较研究和绩效评估，为经济发达地区社会组织共治寻找"普遍适用参照点"。

（5）整体性制度框架与政策设计。从合法性机制、协同机制、支持保障机制和监管评估机制等角度探索经济发达地区社会组织共治的"顶层设计"；从党委领导、政府主导、多元协同、技术支撑、法治保障等层面探索经济发达地区社会组织共治的"具体制度变革"及政策建议。

第四节　基本思路与研究方法

按照"理论阐释—实证研究—归因分析—机制建构"的思路，运用"混合式研究方法"，探讨苏南地区社会组织参与社会治理的"特殊矛盾"和"特殊规律"，提出实现社会组织参与社会治理的创新机制。

一、基本思路

按照"理论阐释—实证研究—归因分析—机制建构"的思路，立足"中国之治"，拓展已有的治理结构模型及其理论，构建本土化社会组织共治模型和分析框架；运用沉浸式考察法和"结构—行动"分析法探讨经济发达地区社会组织共治的"特殊矛盾"和"特殊规律"，提出新时代经济发达地区社会组织参与社会共治的制度设计和政策建议（详见图 1-1）。

二、研究方法

（1）沉浸式考察法。运用沉浸式考察方法，深入长三角经济发达地区，近距离观察体验、面对面访谈、现场实验和评估反馈等方式，真实描述和客观反映经济发达地区社会组织共治的"真实场景"、基本现状及其治理绩效。

（2）"结构—行动"分析法。共治格局主要表现为行动者之间的关系模式。本书运用"结构—行动"框架分析社会组织这一微观"行动"主体与"宏观"治理结构之间的逻辑关系和互动模式，并结合数学方法、机器学习、图论等定量分析方法，剖析"中国之治"背景下社会组织参与社会共治的行动逻辑、出场路径、结构性障碍及其困境等。

（3）案例分析法。以长三角地区社会组织为典型案例，以"解剖麻雀"的方式对经济发达地区社会组织共治的渠道、特征和方式等"特殊矛盾"和内在机理进行社会学分析，弥补量化研究不足，形成对研究对象的规律性认

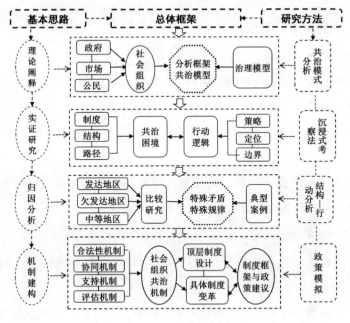

图 1-1　研究路线图

识和科学把握。

（4）政策模拟法。从理念、结构、模式、政策等层面对经济发达地区社会组织参与社会共治的路径、措施和绩效进行比较研究和政策模拟，进而从"顶层设计"和"具体制度变革"层面提出经济发达地区社会组织参与社会共治的制度框架和可行性政策建议。

第五节　研究重点、难点与创新之处

苏南地区社会组织参与社会治理既有其他地区社会组织参与社会治理的共性，又具有自身的个性，需要运用多种研究方法从不同角度开展研究。因此，本书涉及的研究具有一定的挑战性。

一、研究重点、难点

（一）研究重点

（1）结合经济发达地区的区域特质和特点，建构经济发达地区社会组织参与社会共治的本土化模式和内在机理，探寻区域社会组织参与社会共治的特点、规律和路径偏好，丰富和完善经济发达地区社会组织共治的理论谱系。

（2）从"顶层设计"和"具体制度变革"两个层面提出经济发达地区社会组织参与社会共治的制度框架和可行性政策建议。

（二）研究难点

（1）重构本土化分析框架和模式，并对相关概念和理论进行创新性研究，实现我国社会治理格局研究的本土化理论创新。

（2）区域经济发展的不平衡，决定了经济发达地区社会组织共治具有自身的"叙事方式"和"出场逻辑"，如何探索"中国之治"背景下经济发达地区社会组织共治的"特殊矛盾"和"特殊规律"，是研究面临的又一难点。

二、创新之处

（1）研究视阈新。中国知网数据显示，目前以经济发达地区社会组织参与社会共治为主题的相关研究不足 20 篇，未见专题性论述，且文献尚停留在理论演绎层面，该领域的一些基本概念、相关理论及其政策设计均存在一定的学术盲点。研究课题从经济发展与社会组织共治所呈现出来的区域性特点出发，探讨我国经济发达地区社会组织参与社会共治的"特殊矛盾"和"特殊规律"，是一个全新的研究视阈。

（2）本土化共治模式的探讨。拓展 Vladimir（2006）治理模型及其理论，应用"结构—行动"分析法，从"社会组织—政府—市场—公民"的多维关系框架出发，建构经济发达地区社会组织参与社会共治的理论模型，并对核心概念与相关理论进行本土化理论创新，丰富新时代我国社会组织参与社会治理的理论谱系。

（3）混合研究方法的运用。混合研究方法的运用是本书的一大特色。针对不同研究目的和研究对象使用不同研究方法，推动经典和现代、传统和网络研究方法的融合与创新，确保研究的精细化、精准化和科学化。

第六节　研究样本与数据处理

"一种社会事实的决定性原因，应该到先于它存在的社会事实中去寻找。"① 苏南地区社会组织参与社会治理在现实上如何呈现以及呈现状态如何，必须通过大量一手资料佐证。为此，本书通过"定量"和"定性"两种研究方法收集资料，对苏南地区社会组织参与社会治理问题进行实证研究。

本书采取问卷调查和典型案例分析相结合的方法进行实证研究。典型案例选取南京、苏州和无锡三市部分社会组织为研究对象。本书利用"问卷星"开展问卷调查。

一、样本选择

问卷调查主要采用问卷星量化研究。调研以随机抽样的方式回收问卷1200 份，有效问卷 1106 份，有效率达 92.2%，符合统计学意义。

样本发表情况如下：1106 份调查问卷中，20 岁以下占 5.48%、20~35 岁占 67.12%、35~55 岁占 23.97%、55~65 岁占 2.74%。学历方面，大专以下占 2.05%、大专占 2.05%、本科占 76.71%、研究生占 19.18%。职业方面，党政公务员占 15.07%、社区工作人员占 1.37%、企业工作人员占 15.75%、社会组织工作者占 2.74%、居民占 65.07%。受访对象的地理归属方面，主要以苏南地区为主，其中，南京占 47.95%、苏州占 5.48%、无锡占 4.11%、

---

① E. 迪尔凯姆. 社会学方法的准则［M］. 狄玉明，译. 北京：商务印书馆，1995：111.

常州占 2.05%、镇江占 1.37%，另有 39.04% 的受访者来自苏南地区以外的地区。具体情况见表 1-1。

表 1-1　样本分布及基本状况（总人数 = 1106）

	基本类别	百分比
性别	男	38.36%
	女	61.64%
年龄	20 岁以下	5.48%
	20~35 岁	67.12%
	35~55 岁	23.97%
	55~65 岁	2.74%
	65 岁以上	0.68%
受教育程度	大专以下	2.05%
	大专	2.05%
	本科	76.71%
	研究生	19.18%
身份	党政公务员	15.07%
	社区工作人员	1.37%
	企业工作人员	15.75%
	社会组织工作者	2.74%
	居民	65.07%
所在地区	南京	47.95%
	苏州	5.48%
	无锡	4.11%
	常州	2.05%
	镇江	1.37%
	苏南地区以外地区	39.04%

二、数据处理

经过计算机化处理，调研数据资料分析的信度和效度远高于传统计量方式。数据 Cronbach. 系数为 0.934，调研具有较高可行度和科学性（见表 1-2）。

表 1-2 信度分析

样本量	项目数	Cronbach. 系数
1106	13	0.934

同时，鉴于本书调研数据资料的广度及信息容量，课题组选择计算机化处理问卷调研数据资料，并借助 SPSS21 统计工具，系统处理调研数据，同时整理、分类及归纳问卷数据资料，并运用定性法分析相关数据资料，以补充问卷一调研结果的不足。详见下面列表。

表 1-3 您对社会组织了解吗?

选项	比例
非常了解	12.41%
了解一点	54.48%
知道但不熟悉	27.59%
完全不了解	5.52%

表 1-4 你所在社区有社会组织或专业社工组织居民各种活动吗?

选项	比例
经常有	23.45%
偶尔有	47.59%

续表

选项	比例	
没有		5.52%
不知道		22.76%
（空）		0.69%

表1-5　社会组织在你们社区管理和服务中是否发挥了积极作用？

选项	比例	
发挥了积极作用		20.69%
发挥了一定作用		46.9%
没发挥什么作用		9.66%
不清楚		22.76%

表1-6　您是否积极参与社区或小区社会组织策划举办的活动？

选项	比例	
积极参与		14.48%
参与但不多		46.9%
从没有参与		37.93%
（空）		0.69%

表1-7　您一般以何种身份参与到社会组织的活动中？（可多选）

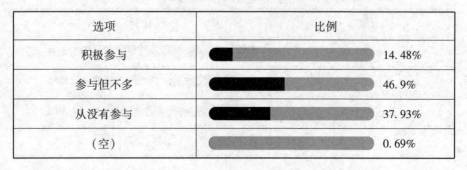

选项	比例	
居委会工作人员		5.52%
志愿服务者		48.28%

续表

选项	比例
活动参与人员	32.41%
社区组织管理人员	3.45%
专业社工	3.45%
没有参与过	36.55%
其他	8.97%

表1-8 您认为社会组织开展的活动是否与街道、社区开展的活动重复雷同？

选项	比例
总是雷同	4.83%
偶尔雷同	52.41%
不雷同	8.97%
不清楚	33.1%
（空）	0.69%

表1-9 您认为社会组织参与社会治理的水平如何？（以100分为满分）

选项	比例
100~80分	18.62%
80~60分	61.38%
60~40分	15.86%
40分以下	4.14%

表1-10 您认为社会组织提供的基本公共服务有哪些？（可多选）

选项	比例
扶贫扶老帮困助残	84.14%
医疗卫生	70.34%
教育培训	63.45%
就业创业	57.93%
妇幼保护	64.83%
文艺体育	55.17%
科学技术	35.17%
支教助学	47.59%
社区服务	80%

表1-11 您认为社会组织提供的社会专业服务有哪些？（可多选）

选项	比例
社工服务	81.38%
活动策划	62.07%
鉴定评估	42.76%
研究咨询	48.28%
社会中介	50.34%
法律援助	71.03%
行业服务规范	48.28%
"三农"服务	52.41%
消防安全	56.55%

表 1-12 您认为社会组织提供的社会管理服务有哪些?（可多选）

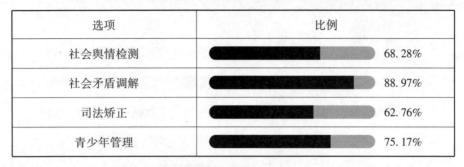

选项	比例
社会舆情检测	68.28%
社会矛盾调解	88.97%
司法矫正	62.76%
青少年管理	75.17%

表 1-13 您认为社会组织参与社会治理过程中独立性、自主性如何?

选项	比例
完全依赖政府	11.03%
部分依赖政府	65.52%
不依赖政府	11.03%
没有独立性和自主性	11.72%
（空）	0.69%

表 1-14 您认为社会组织工作人员的专业性如何?

选项	比例
很专业，具有资格证书	9.66%
大部分人员具有专业性	41.38%
少部分人员具有专业性	24.83%
参差不齐	24.14%

表 1-15　您认为社会组织的相关规章制度是否清晰完善？

选项	比例	
清晰完善		24.83%
制度清晰但不完善		42.76%
制度不清晰不完善		17.24%
其他		13.79%
（空）		1.38%

表 1-16　您对社会组织参与社会治理的定位和服务功能清楚吗？

选项	比例	
非常清楚		20.69%
较为模糊		61.38%
不清楚		17.24%
（空）		0.69%

表 1-17　您认为下面哪个组织在社会治理中效率高？

选项	比例	
政府		58.62%
社区		25.52%
企业		4.14%
社会组织		11.72%

表 1-18 您对社会组织参与社会治理满意吗？

选项	比例
非常满意	11.72%
比较满意	43.45%
一般	40%
不满意	4.14%
很不满意	0.69%

表 1-19 您认为社会组织具有公信力吗？

选项	比例
有公信力	41.38%
没有公信力	10.34%
一般	42.76%
不知道	5.52%

表 1-20 您认为当前社会组织参与社会治理存在的问题有哪些？（可多选）

选项	比例
社会组织定位不明确	59.31%
制度机制不完善	53.79%
行政命令过强，政府干预过多	38.62%
专业队伍良莠不齐	60%
参与社会治理的深度不足	59.31%
工作方式方法灵活性不足	55.86%

续表

选项	比例	
开展服务活动内容与百姓需求脱节		37.93%
形式主义大于实质内容		51.03%
（空）		1.38%

第二章

理论阐释：苏南地区社会组织参与社会治理的内涵意蕴

社会组织与其他主体之间的互动关系和逻辑边界是社会组织参与社会治理的核心和关键。随着共建共治共享社会治理结构的不断完善，社会组织参与社会治理实践也呼唤着理论创新。本章从理论范式角度对社会组织参与社会治理的基本理论问题进行学理探究和理论建构，为我国苏南地区社会组织参与社会治理的本土化研究提供理论依据和理论借鉴。

第一节　社会组织概述

作为政府组织、企业组织之外的第三方，社会组织公共服务和社会治理层面的价值日益凸显。目前社会组织种类繁多，活跃在各行各业、城乡之间，既包括各种社会团体、基金会、商会、行业协会、学会等注册类社会组织，也包括互助会、慈善会、老乡会、同学会等草根类社会组织。社会组织已经成为基层社会治理的重要主体和主要力量。

一、社会组织

社会组织是针对政府组织和市场组织而产生的一个概念。在西方，社会组织又称第三部门（the third sector）、非营利组织（non-profit charity）、公民社会（civil society）、志愿组织（voluntary organizations）等。可见，当下学术界对社会组织界定尚无分歧。美国学者莱斯特·M. 萨拉蒙认为，只要具有非政府性、组织性、非营利性、自治性和志愿性五个特征，均可称为社会组织。① 根据萨拉蒙的"无特征说"，以上各种界定虽然称谓迥异，但在本质上是相同的，等同于我国目前使用的"社会组织"概念。

党的十六届六中全会通过的《中共中央关于构建社会主义和谐社会若干重大问题的决定》正式提出了"社会组织"这一概念。但对社会组织的核心要义和本质内涵，学界尚有争论。学界普遍认为，社会组织是非政府组织，具有民间性和自治性，是党、政府和企业之外的一种组织形式。在外延上，社会组织包括基金会、社会团体、民办非企业单位等，其内涵等同于西方学界的 non-profit charity、the third sector 以及 voluntary organizations。当然，针对社会组织的界定，学界还有另一种学术路径，即依据组织宗旨、实现功能、内部治理结构特征以及社会组织与政府的关系等将社会组织划分为不同的类型。综上，有学者认为，党的十六届六中全会关于"社会组织"的概念阐释是对非政府组织、非营利组织、第三部门组织或者民间组织等称谓的统一和完善，符合中国特殊语境和制度环境的具有中国本土特色的科学概括。② 据此，本书认为，社会组织的概念可以界定为：政府和企业以外的且具有萨拉蒙"五特征"的一类组织，包括各种社会团体、基金会、商会、行业协会、学会等注册类社会组织，也包括互助会、慈善会、老乡会、同学会等草根类社会组织。

---

① SALAMON L M, ANHEIER H K. In Search of the Non-profit Sector Ⅱ：The Problem of Classification［J］. Voluntas：International Journal of Voluntary and Nonprofit Organizations, 1992, 3（3）：267-309.

② 李峰. 由分散到整体：中国社会组织治理模式改革研究［D］. 长春：吉林大学, 2022.

二、我国社会组织现状

我国社会组织发展始于 20 世纪 80 年代，社会组织是伴随着我国改革开放的发展而兴起的新型社会力量。我国社会组织主要以"学会、研究会、协会、商会、联合会"等形式出现，另外还包括基金会和慈善机构和社会福利设施等各类公益服务实体在内的非会员制组织。① 目前我国社会组织已经出现了政府支持、精英推动，社会各方力量广泛参与的发展趋势。据民政部统计，截至 2021 年年底，全国共有社会组织 90.2 万个，其中全国基层群众性自治组织共计 60.6 万个。② 见表 2-1、图 2-1、图 2-2、图 2-3。

表 2-1　2021 年社会组织按登记机关分类　　　　单位：个

指标	社会团体	基金会	民办非企业单位
合计	371 110	8877	521 883
民政部登记	1972	215	92
省级民政部门登记	32 105	5994	15 267
市级民政部门登记	90 690	1877	65 321
县级民政部门登记	246 343	791	441 203

---

① 王名. 走向公民社会：我国社会组织发展的历史及趋势 [J]. 吉林大学社会科学学报，2009，49（3）：5.

② 2021 年民政事业发展统计公报 [EB/OL]. 中华人民共和国民政部，2022-08-26.

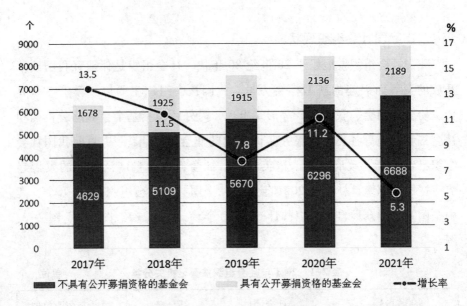

图 2-1　2017—2021 年基金会情况

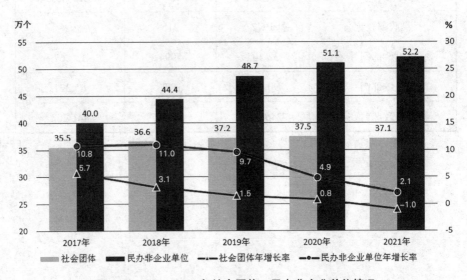

图 2-2　2017—2021 年社会团体、民办非企业单位情况

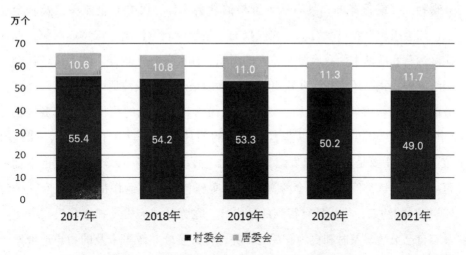

万个

图 2-3　2017—2021 年基层群众性自治组织情况

目前学界和官方对社会组织的分类还存在一定的分歧。① 本书根据已有研究成果，从合法性的角度，把我国社会组织分为法定的社会组织和未在民政部门登记的草根社会组织两类。

法定的社会组织是指符合《社会团体登记管理条例》第三条条例规定免于登记、具有社会行政管理的组织。这类社会组织主要包括三部分。一是具有政府管理职能的社会组织，诸如工会、共青团、妇联、工商联、科协、侨协等社会组织。二是由政府职能延伸或让渡而形成的社会组织，是国务院机构编制管理机关核定，并经国务院批准免于登记的团体，诸如中国文学艺术界联合会、中国红十字总会、中国作家协会等。同时还包括机关、团体、企业事业单位内部经本单位批准成立、在本单位内部活动的团体，其活动范围也主要是在本单位内②。三是通过一定法定程序在各级民政部门注册登记、

① 对于分类学界有不同的观点：从政府本位的角度可以分为政府组织和非政府组织、从市场本位的角度可分为营利组织和非营利组织、从社会功能来分可分为政府组织、营利组织、非营利组织和基层群众自治组织，等等。
② 中华人民共和国国务院．社会团体登记管理条例［EB/OL］．中国政府网，2016-02-06.

并得到批准或备案的、具有法人资格的社会团体、民办非企业单位及基金会。这类组织是经过政府认可或授权的，是政府政策倾斜、扶持的对象，在实际运营和活动中受政府影响较大的组织，社会独立性较低。除了法定社会组织以外，我国还存在一些没有在民政部门正式登记或注册，也没有经过官方的授权或认可的社会组织。这类组织往往具有很强的草根性，大多是在"利他主义"思想推动下以非营利为目的的社会组织。由于没有"法律地位"，它们主要是由民间自发组建成立的，活动方式多样，规章制度也不规范。但由于这类组织从资金筹募到项目实施包括具体运作都没有政府这个"婆婆"的约束，往往具有很强的独立性，在弥补政府失灵和市场失灵方面具有自己灵活、及时和更为客观的优势，在许多公共政策未及的边缘地带发挥着重要的作用。

进入新时代，我国社会组织发展呈现以下趋势。一是社会组织迎来新的发展空间和历史机遇，各类社会组织数量持续、有序增长，"大社会—强政府"格局正在形成，社会组织的价值和作用日益凸显。二是种类日趋多元化。随着社会组织与其他群体活动日益密切，社会组织越来越多地承担着政府等其他主体转移而来的社会职能，这不仅要求社会组织快速发展，更要求社会组织更加多元化、专业化，唯有如此方能有效地承担政府等主体转移的职能。三是日趋专业化。随着社会发展和治理结构的不断完善，社会公共领域与私人领域日益分离，政府、企业、社会之间的治理边界日益明显，专业的事情交给专业的人（结构）已成为共识，因此，社会组织在对接转移任务时也对自身提出更高的专业要求。

三、苏南地区社会组织

苏南即江苏省南部地区之简称。苏南地处长江三角洲中心，东接上海，西邻安徽，南与浙江接壤，北依长江、东海。苏南地区包括南京、苏州、无锡、常州、镇江，总面积 2.7872 万平方千米，约占江苏总面积的 27.17%，是中国经济最发达、现代化程度最高的板块之一。2022 年，人口合计近 4000

万的苏南 5 市人均 GDP 达 2.7 万美元，人口量和发展水平上相当于一个中等规模的欧洲国家。其中苏州是全省经济总量最高的地市，2022 年 GDP 接近2.4 万亿，仅其代管的全国最强县级市昆山就超过 5000 亿。苏州工业总产值为 4.36 万亿，处于全国第一梯队；南京、无锡 GDP 处于 1 万亿级别；常州约 9600 亿。苏南地区城镇化率超过 70%，所有县（市）都进入全国综合实力百强县行列，其中 7 个县（市）进入前十。①

苏南地区自古以来就是名闻天下的"鱼米之乡""人间天堂"，也是中国近代工业和吴文化的重要发祥地。近年来，伴随着经济突飞猛进发展，苏南地区"社会组织数量快速增长，尤其是经济类、公益慈善类、民办非企业单位和城乡社区服务类等重点领域的社会组织发展加速，形成了比较健全的社会组织发展体系"②。2013 年 5 月，国家发布《苏南现代化建设示范区规划》，标志着苏南地区将在全国率先实现区域现代化，成为全国现代化建设示范区。不过，区域经济发展的不平衡，决定了经济发达地区社会组织共治具有自身的"叙事方式"和"出场逻辑"。因此，探索"中国之治"和"中国之鉴"背景下我国经济发达地区社会组织共治的"特殊矛盾"和"特殊规律"，重构本土化分析框架和模式，从而实现我国社会治理格局研究的本土化理论创新。

第二节 社会组织参与社会治理的理论思维

习近平总书记在党的十九大报告中指出，在"两个一百年"奋斗目标的历史交汇期，要完善"党委领导、政府负责、社会协同、公众参与、法治保

① 2022 年江苏各市 GDP 和人均 GDP，十三太保表现如何？[EB/OL]. 搜狐，2023-05-04.

② 孙燕. 关于提升江苏省苏南地区社会组织服务管理水平的调研报告 [J]. 学会，2012 (7)：20-27.

障"的社会治理体制，打造共建共治共享的社会治理格局。共建共治共享，虽然只有寥寥六个字，却高度凝练，内涵丰富，为今后一段时间我国社会治理的发展创新指明了方向。

一、社会组织"共治"内涵

顾名思义，共治（co-governance）即共同治理之意。简而言之，就是不同利益相关者为了达到共同的治理愿景，通过平等协商、合作互动、协同参与的方式共同治理社会公共事务的过程。与传统的"统治"和"管理"等方式不同，治理的实质是系统治理、依法治理、源头治理和综合施策，体现了人们对国家与社会关系的重新认识和把握[1]。因此，作为社会治理重要形态之一的"共治"，是建立在共同目标基础之上的多主体参与的"共建共享"治理模式。换言之，社会组织参与社会"共治"是指社会组织作为独立于政府和市场之外的第三方力量，充分发挥自身"组织性、非政府性、非营利性、自治性、志愿性"[2] 等特点，以自主、专业、平等的主体身份协同其他社会主体共同参与社会治理的实践过程。

从共治资格来看，社会组织是天然的治理主体。社会治理是治理主体对社会公共事务进行管理和规范的一种实践行为，其目的是促进社会"公益事业"的发展和防止"公害事务"的发生[3]，从而"让社会有效运转起来"。因此，社会治理发生在社会公共空间，公共性是社会治理得以存在和运作的基础和前提。阿伦特（Arendt）认为公共领域有两种基本形态：一是公民互为主体的沟通，二是公民诱导的言行与相互的竞争[4]。换言之，社会公共空

---

① 杨宜勇. 全面开启中国社会治理现代化新征程 [J]. 人民论坛·学术前沿，2018（3）：57.

② SALAMON L M，ANHEIER H K. The Emerging Non-Profit Sector：An Overview [M]. Manchester：Manchester University Press，1995：13-16.

③ 燕继荣. 社会变迁与社会治理：社会治理的理论解释 [J]. 北京大学学报（哲学社会科学版），2017，54（5）：72.

④ 胡振光. 社区治理的多主体结构形态研究：以佛山市 NH 区为例 [D]. 武汉：华中师范大学，2015：38.

间的治理不是一些特定主体的特定责任，而是居于公共空间所有主体的共同责任和义务。社会组织正是特定社会公共空间里人们为了有效达到特定目标而按照一定的组织原则建立起来的共同活动集体，是以集体身份出现在公共空间的独立主体。正因为如此，早在50多年前，A. F. 戴维斯（A. F. Davis）的"政策共同体"（policy community）概念就旗帜鲜明地指出社会组织是社会治理的天然主体。换言之，社会组织的社会性及社会治理的公共性决定了社会组织不仅是社会治理对象，更是社会治理的责任主体。

从共治价值来看，社会组织能有效弥补其他治理主体之不足。实践已经证明，政府失灵而导致的公共政策制定失误、公共产品供给低效，以及政府工作人员权力过大引起的腐败等治理难题早已引起学术界的口诛笔伐；而市场失灵带来的"搭便车""公地悲剧"以及"囚徒困境"等社会问题不仅是学术界的理论难题，更是导致社会治理效果难以实现"帕累托最优"的现实问题；社会组织因其社会性、专业性和民间性等特点，在社会治理中可以有效填补市场失效和政府失灵留下的治理空白，修正二者的不足，确保社会治理"横向到边、纵向到底"目标的实现。尤其是在一些特定领域，社会组织所展示的治理能力和发挥的作用可能比政府等其他主体更为明显和有效。正如澳大利亚政治学家H. K. 科尔巴齐（H. K. Colebatch）所言，治理实践正在发生转变，从运用国家权力进行统治，逐渐转向政府和非政府多个主体通过协商协作完成各种政策指令[1]。

从共治格局来看，社会组织参与社会治理是实现社会治理结构均衡化的保障。公共治理理论和多中心治理理论认为，面对纷繁复杂和变动不居的社会问题，必须引入第三方力量，实现治理格局均衡化。社会治理结构均衡化是建立在市场原则、公共利益和相互认同基础之上的多主体协商治理成果。实践已经证明，一个理想的治理形态应是多元可变的（flexible），而非单一固化的。将治理活动仅仅寄托于单个主体身上是一件危险的事情，其结果必

① COLEBATCH H K. Making Sense of Governance [J]. Policy and Society, 2014, 33 (4)：307-316.

然带来治理结构的失衡①。因此，从治理格局来看，社会组织参与社会共治可以消解国家与社会之间的张力，实现国家与社会功能互补和多元主体良性互动、跨界合作，进而推动社会治理格局更加均衡化和科学化。

从共治领域来看，社会组织参与"共治"的对象是社会事务。燕继荣认为，社会事务应分为公益性事务和公害性事务两类。社会治理的任务和目标是促进"公益事务"的发展和防止"公害事务"的发生，从而打破公共治理领域中的"集体行动逻辑"和阻止"破窗效应"发生。②从社会组织自身特征和发生机制可知，社会组织参与社会共治是社会组织通过道德倡导、自律规范、舆论监督等方式对一般性社会公共事务进行"软治理"，即使特定情况下其拥有部分强制性权力，也必须来源于政府的合法授权。③因此，与其他主体相比，社会组织参与社会共治有着特定的对象——社会性公共事务，而公共领域的政治性公共事务和经济性公共事务等"硬治理"则不属于其治理范围。

综上，社会组织参与社会共治是社会组织"社会性"属性的内在诉求和其作为社会主体的必然举措，是公共事务领域各治理要素相互博弈、对立统一的必然结果和发展趋势。社会组织参与社会共治的价值和意义不仅在于能够打破长期以来社会治理主体单一、模式僵化、方式简单的社会治理现状，而且可以促进社会治理结构均衡化发展，最大限度地实现治理效果的"帕累托最优"。④

---

① 陈明. 地方治理现代化的困境与路径研究［J］. 中国特色社会主义研究，2015（4）：61.
② 燕继荣. 社会变迁与社会治理：社会治理的理论解释［J］. 北京大学学报（哲学社会科学版），2017，54（5）：72.
③ 曾正滋. 走向协同治理：社会治理的内涵解析及其创新前景：以"社会组织参与社会治理"为论域［J］. 福建农林大学学报（哲学社会科学版），2015，18（2）：70.
④ 梁德友，徐诺诺. 共建共治共享社会治理格局的几个理论问题［J］. 南京邮电大学学报（社会科学版），2019，21（4）：8-19.

二、社会组织的治理功能

社会组织参与社会共治研究是 20 世纪 70 年代西方社会治理改革衍生出来的一个学术热点问题。其中，以制度分析学派的多中心治理①、萨拉蒙的"新治理"② 以及公共治理③等为代表的社会治理理论（social governance）是最主要的学术成果。作为一种应对多样、动态和复杂问题的新思维，社会治理理论成为解释现代社会结构的规范性分析框架而日益受到西方学界重视。同时，以"公共性管理范式"（publicness management paradigm）为核心的"公共性理论"④ 和探讨价值共享（creating shared value）如何能的"价值共享理论"⑤ 是西方学界研究社会组织参与社会共治问题的又一思路。后者在弥补社会治理理论"治理有余"而"合理性"不足的伦理缺陷的同时，也为社会组织参与社会共治提供了合法性理论依据。⑥

在国内，社会组织参与社会共治方面的研究早已风起云涌。围绕社会组织和政府、市场等治理主体之间的治理边界和互动关系，学界坚持借鉴与创新相结合的原则，初步构建了中国"社会组织参与社会共治"研究的理论谱系和解释框架。研究范式上，实现了从"善治"⑦ 到"服务型政府"⑧ 再到

---

① 埃莉诺·奥斯特罗姆. 公共事务的治理之道 [M]. 余逊达，陈旭东，译. 上海：译文出版社，2012：275.
② SALAMON L M. The Tools of Government Action：A Guide to the New Governance [M]. Oxford University Press，2002：19-36.
③ 詹姆斯·N. 罗西瑙. 没有政府的治理 [M]. 张胜军，刘小林，等译. 南昌：江西人民出版社，2001：10.
④ BOZEMAN B. All Organizations Are Public：Bridging Public and Private Organization Theory [M]. San Francisco：Jossey-Bass Inc，1987：14-29.
⑤ Porter M. E，Kramer M. R. The Big Idea：Creating Shared Value [J]. Harvard Business Review，2011，89（1/2）：62-77.
⑥ 梁德友. 社会组织参与社会共治的合法性困境及其政策调适 [J]. 社会科学辑刊，2019（3）：184-190.
⑦ 俞可平. 论国家治理现代化 [M]. 北京：社会科学文献出版社，2014：3.
⑧ 张康之. 论主体多元化条件下的社会治理 [J]. 中国人民大学学报，2014，28（2）：2-12.

"社会治理现代化"① 的学术演绎；研究方法上，阐释主义和实证主义两大传统兼而有之②；研究内容上，既有"官民共治社会治理新格局"③ 的理论创新，也有"上下层组织合作的 U+B 治理模式"④ 的建构，更有政府、市场、社会组织等多元主体协同治理的本土化制度设计。⑤

　　尤其是 2017 年党的十九大提出"打造共建共治共享社会治理格局"后，"共建共治共享"理论所涉及的社会组织参与合作、协同治理以及权责对等的治理模式等成为破解新时代社会治理难题的理论基础而备受推崇，社会组织参与社会共治研究再次赢得青睐。姑且不论铺天盖地的学术会议，连篇累牍的媒体报道和眼花缭乱的研究成果，仅仅就全国各地对社会组织参与社会共治模式的实践创新就犹如雨后春笋般在神州大地竞相出现：从顺德的"治权改革"、杭州的"增量共治"，到温州的"推位让治"、南京的"格化社会治理"，再到南通"四位一体"模式创新等，令人目不暇接。⑥

　　换言之，我国学术界对社会组织的研究已经走过了"是什么""为什么"等探讨基本理论问题的初期阶段，开始重点关注如何有效推进社会组织发育等深层次内涵问题。学者们先后提出社会组织在社会治理中具有"减肥剂""黏合剂"，以及"安全阀"与"减震器"等作用。由此可见，虽然我国社会组织还面临与政府关系处境尴尬、运作策略偏向市场化以及社会信任危机等角色困境，但丝毫不影响社会组织在社会治理中的价值和作用。

　　在已有研究基础上，本书认为社会组织参与社会共治的价值功能可以概

① 金太军. 国家治理视域下的社会组织发展：一个分析框架 [J]. 学海，2016（1）：16-20.

② 童星. 从"成果共享"到"共享发展" [J]. 贵州师范大学学报（社会科学版），2017（1）：28-35.

③ 俞可平. 营造官民共治的社会治理新格局 [N]. 北京日报，2011-06-15（14）.

④ 马玉洁. 社会治理的模式研究与路径选择：基于重庆 W 县的经验研究 [D]. 北京：北京师范大学，2014：17-19.

⑤ 梁德友. 社会组织参与社会共治的合法性困境及其政策调适 [J]. 社会科学辑刊，2019（3）：184-190.

⑥ 梁德友，徐诺诺. 共建共治共享社会治理格局的几个理论问题 [J]. 南京邮电大学学报（社会科学版），2019，21（4）：8-19.

括为以下几点。

第一，"资讯—预警"功能。社会组织（尤其是草根性社会组织）成员来自基层，从事于社会不同行业，社会触角和成员基础广泛，是社情民意的"千里眼"和"顺风耳"。社会组织可以利用自身的灵活身份及时获取和掌握事件发展的各种讯息，帮助政府调整处置策略，改变治理方式，为社会治理提供保障。第二，"协商—对话"功能。高举"公益性"旗帜，以第三方身份出现的社会组织在社会治理中是多方信赖的"中间人"，承担起"传声筒""润滑剂"和"协调器"的社会角色，进而可以搭建社会治理得以协商解决的"建设性"对话平台。第三，"教育—建设"功能。"自身的完美"和"人类幸福"是人类社会发展主线，人的自我完善是"物质与精神的辩证统一"。如何实现自我价值以及以什么状态存在、生活和发展都体现了作为社会实践的人的本质特性。作为社会的"毛细血管"，社会组织深入基层，能够从教育主体的角度对所服务的群体进行社会价值、人生意义等教育。特别是苏南地区有着继承和发扬中华传统文明的优良传统，这为社会组织开展传统文化教育和社会主义核心价值观教育奠定了良好基础。正是从这个意义上讲，社会治理中社会组织具有"教育—建设"功能。例如，在社区（村民）自治、公序良俗维护、传统文化传承、道德模范引领、法治宣传等方面，社会组织可以利用自身的专业优势，发挥"教育—建设"功能，实现社会治理的精细化和高效化。[①] 第四，"平台—服务"功能。社会组织不仅承担"中间人"的社会职能，而是以"利益攸关方"的身份直接介入治理全过程，成为真正的治理主体。一方面，社会组织与政府互动合作，参与社会治理，根据事件发展的情况及时提出解决问题的具体对策建议，促使合理化建议落实成可操作的具体内容，确保政策的可及性与可得性，保障社会治理得以顺利实施；另一方面，社会组织可以充分发挥其专业特长，根据政府许诺和出台的治理举措，以"市场购买""公益奉献"以及"委托赋权"等不同方式积

---

① 于健慧. 社会组织参与乡村治理：功能、挑战、路径［J］. 上海师范大学学报（哲学社会科学版），2020，49（6）：18-24.

极承接相应的政策项目，利用专业特长提供专项公共服务。第五，"修复—善后"功能。社会组织能够充分发挥志愿性、公益性等特点，组织各种形式的教育宣传活动，提供相关的法律、政策咨询，修复双方遗留的分歧，完善和监督政策的落实。引导民众在制度框架内进行合理的利益诉求，达到社会治理地方长期性和有效性。①

三、社会组织参与社会治理的价值性分析：以群体性事件治理为例

社会组织是重要的治理主体和不可忽视的第三方治理力量。本书以群体性事件治理为例分析社会组织参与社会治理的必要性与可能性。

（一）社会组织参与社会治理的价值性②

社会组织是与政府、企业并列的三大社会支柱之一，能够在基层社会治理中发挥积极作用。以群体性事件治理为例，社会组织在事件中能够起到政府、市场和个人无法实现的价值和作用。首先，社会组织是源头防范的重要支柱力量。从近年来各地发生的一些有影响的群体性事件来看，几乎每起事件都有前兆可寻或苗头显现，只是一些地方和单位思想麻痹、反应迟缓，没有及时汇集信息、没有准确发出预警、没有科学进行应对，致使事件发生之后措手不及，进而带来连锁反应。社会组织作为各类人群的集聚点、各种思想的交汇处、各种信息的传播站，是反映社情民意、引导社会舆论、缓解社会压力的重要组织，也是化解社会矛盾、实施社会预警、防范社会冲突的重要支柱。一方面，社会组织作为长期扎根于基层的群众性自治组织，有较好的群众基础，能够有效地起到沟通、中介作用，当矛盾纠纷初露端倪可能升级演化时，社会组织可以发挥自身代表性强、群众信任度高的优势引导群众用正确的方式表达诉求，按照法定程序或依据政策法规维护自身的合法权

---

① 梁德友，刘志奇. 社会组织参与群体性事件治理研究：功能、困境与政策调适[J]. 河北大学学报（哲学社会科学版），2016，41（3）：136-142.

② 肖飞. 社会组织参与群体性事件治理的路径依赖[J]. 社团管理研究，2012（4）：35-37.

益。另一方面，社会组织作为党和政府联系群众的桥梁纽带，当矛盾激化、失控可能引发群体性事件时，可以利用与政府接触广、可信度强的优势及时把掌握的信息、动态向党委、政府和有关部门通报，让党委、政府及有关部门对可能影响社会稳定的问题和群体性事件的苗头，做到早发现、早报告、早控制、早解决，最大限度地把不稳定因素解决在初始阶段。

其次，社会组织是现场处置的重要协同力量。党委、政府是群体性事件处置的组织者、领导者，但所有群体性事件的处置仅靠党委政府的单方作用是远远不够的，还必须发挥群众的作用，发挥社会组织的作用。社会组织在群体性事件的现场处置中能够有所作为。其一，可以发挥决策参谋作用。群体性事件引发原因复杂，处置工作涉及方方面面，能否科学决策对事件处置起着至关重要的作用。社会组织涵盖经济社会生活中的各个领域，其成员中有一大批包括专门研究群体性事件在内的专家、学者，这些专家、学者可以对群体性事件的处置提供专业咨询、决策建议、理论指导和技术支持，对群体性事件的科学处置起到决策智囊作用。其二，可以起到缓和冲突作用。"可散不可聚、可解不可结、可顺不可激"是处置群体性事件必须坚持的一项基本原则，处置群体性事件必须始终坚持以教育疏导为主，冷静稳妥地缓解、化解矛盾。社会组织来源于民间、来源于公众，由不同群体组成，是不同群体实现自己意愿、维护自身权益的利益共同体。[①] 社会组织通过发挥自身功能，可以起到化解社会矛盾的"稀释剂"和消除社会冲突的"缓速带"作用，进而缓解对立情绪，减少各种非理性行为的发生。其三，可以协助做好排险救护工作。排险救护是现场处置的一项重要内容，是决定群体性事件处置成效不可忽视的一个重要因素。当群体性事件发生后，特别是重特大群体性事件发生后，如何及时排除险情、救护伤员是现场处置必须认真对待的一个重要问题，也是贯彻"以人为本"思想的具体要求。社会组织因其代表的广泛性，往往在紧急排险、医疗救护等方面具有自己的独特优势，只要组

---

① 董励华. 加强党对社会组织领导的思考 [J]. 领导科学, 2011 (9): 9-11.

织动员得力，就能在排险救护中发挥应有作用。

再次，社会组织是善后处理的不可或缺力量。任何突发事件，不论事态程度大小，其损害性的消极影响都必然超出事件本身。① 善后处理是治理群体性事件的重要组成要件，事件的现场处置多只是解决暴露在表面上的问题，而深层次问题的解决往往完成在善后的相当长一段时期后。"如果把处置群体性事件比作外科手术，那么，做好善后工作就像给切口缝针、消毒一样重要。现场的群众散了，并不意味处置结束，万事大吉。如果不做好善后工作，很可能发生更大的群体性事件，造成更恶劣的影响。"② 为巩固现场处置工作成果，防止群体性事件出现反复，事件平息后要继续做好善后工作，对可能导致群体性事件反复的因素保持高度警觉，并积极采取措施，进一步做好群众疏导和矛盾化解工作。社会组织具有志愿性、公益性、专业性等特点，在扶贫救困、心理干预、疏导情绪等方面能够发挥积极作用，是协同政府有效处理群体性事件不可多得的力量。事实上，在每次重大群体性事件的善后处理过程中，我们都能经常看到一些基层社会组织在当地党委的统一领导下，深入基层、深入群众，宣传党和国家的政策法律，帮助困难群众解决实际问题，自觉维护社会大局的和谐稳定。③

（二）社会组织参与社会治理的可能性④

社会组织参与社会治理不仅具有价值性，而且由于其自身独特的社会功能而具有可能性。以群体性事件治理为例，分析社会组织参与社会治理的可能性。首先，良好的政府合作基础。尽管目前我国相当一部分社会组织是由政府自己创立的或由政府机构派生而成，但是也有部分社会组织是在市场经济改革中应运而生，而且，社会组织参与社会管理、促进社会和谐的作用越

① 刘新良. 浅谈群体性事件的预防和处置 [J]. 公安研究, 2002 (12): 69-72.
② 刘新良. 浅谈群体性事件的预防和处置 [J]. 公安研究, 2002 (12): 69-72.
③ 肖飞. 社会组织参与群体性事件治理的路径依赖 [J]. 社团管理研究, 2012 (4): 35-37.
④ 肖飞. 社会组织参与群体性事件治理的路径依赖 [J]. 社团管理研究, 2012 (4): 35-37.

来越明显，党委、政府与社会组织的互动互补关系越来越紧密，但由于自治性、自主性、民间性的本质特征，加上现有社会组织体系自身发育不健全、不规范、不完善，相互信任程度较低，社会组织参与社会事务，特别是一些敏感事务仍然很难得到地方党委、政府的信任和支持。社会组织是随着市场经济的发展而来，市场经济所具有的弱点，也必然会在社会组织的发展中体现出来，如价值取向错位、存在短视行为等，这也是造成一些社会组织公信力不高的主要原因。以群体性事件治理为例，社会组织要想在群体性事件等敏感事务中有所作为，就必须主动保持与政府的联系，主动与政府建立起良好关系，既通过正规的渠道，也应通过非正规的渠道，如通过建立社会组织领导人同政府官员之间的个人关系，积极寻求政府的支持和理解；[①] 就必须着眼于平时的良性互动，建立目标共同的价值理念，形成优势互补的协作机制，促进和维护与政府的合作伙伴关系；就必须主动摆正自身的位置，积极服务于党和国家的中心目标，积极配合政府的工作，主动为政府分忧，努力为人民群众解愁；就必须坚持守土有责，主动加强内部管理，认真化解发生在社会组织内部的各类矛盾问题，及时将社会矛盾在社会组织内部化解，以社会组织自身内部的稳定支持社会大局的和谐稳定。同时，社会组织作为独立于政府的第三方力量，有权批评和监督政府，但两者应当是友好合作的关系，而不是相互对抗或相互取代。

其次，广泛的基层群众基础。社会治理的重心和"最后一公里"发生在基层，社会组织参与社会治理具有得天独厚的便利。以群体性事件治理为例，社会组织在群体性事件治理中必须具备广泛的群众基础。其一，有较高的知名度，这是做好工作的基础要件。要善做日常的宣传工作，通过经常性的公益活动，让当地群众知道这个社会组织的具体名称、组织结构、基本属性、主要业务、工作方式，以及是干什么的、能干成什么、有哪些人、在哪里办公、负责人是谁。其二，有较好的信誉度，这是做好工作的巨大财富。

---

① 赵黎青. 关于中国非政府组织建设的几个问题 [J]. 江苏社会科学，2000（4）：73-78.

要始终贯彻"上为政府分忧，下为百姓解愁"的理念，紧贴政府工作，服务大众百姓，让更多群众认同该组织具有非营利性、民间性、公益性、自律性等特点，能够遵守国家的法律、法规，积极维护政治、经济和社会秩序，在法律允许的范围内按照章程的规定开展活动，积极反映群众合理诉求，认真为群众提供服务，尽力满足群众各种需求。其三，有较强的亲和度，这是做好工作的无形资本。治理群体性事件，大多是与群众面对面交流，如果社会组织缺乏一定的亲和度，参与群众就不能从内心对其工作表现进行认同，工作双方就难以进行有效沟通。要始终坚持以人为本原则，发挥代表广泛群众的自身优势，通过强有力的人文关怀，使参与群众倾吐心声、消除困惑，成为他们情感寄托和精神抚慰的"舒缓器"。

再次，基本的治理能力基础。治理群体性事件是一门科学，也是一门艺术，需要认真把握好群体性事件发展内在规律，必须具备基本的工作能力，能够审时度势，讲究方法，注意策略，综合运用政治、经济、行政、法律、文化、教育等多种手段，从根本上加以解决。社会组织作为群众性的自治组织，一能识大体、顾大局。自觉站在全局的角度思考问题、谋划工作，主动把维护群众权益放到经济社会全局中去思考和谋划，摒弃为维权而维权的狭隘思维，始终站在全局的高度参与处置各类群体性事件，坚持在促进社会发展中维护群众权益。二能沟通好、协调好。群体性事件多属于利益关系、思想认识问题，治理的根本目的是化解矛盾、平息事态、解决问题。事件发生后，社会组织能够在党委、政府的统一组织下，主动有效地开展对话，虚心听取群众意见，努力消除对立情绪，引导群众依法依规反映诉求。尤其是能够做好与核心人物、重点人群的沟通与协调，使其自动放弃事件的组织和参与。三能办实事、办成事。一切以群众利益为重，既能及时全面准确地反映群众诉求，又能主动有效协助政府化解社会矛盾、做好各项工作，最大程度地降低群体性事件发生所造成的损失。[①]

---

① 肖飞. 社会组织参与群体性事件治理的路径依赖 [J]. 社团管理研究, 2012 (4)：35-37.

第三节 社会组织参与社会治理的理论依据

近年来，学界关于社会组织参与社会治理的研究如雨后春笋般迅速发展，成果丰硕。相关研究经历了从"社会管理"到"社会治理"理论内涵的探索、新时代社会治理以及"共建共治共享"治理格局背景下社会组织共治的突破与创新。党的十九届六中全会强调"在社会建设上，人民生活全方位改善，社会治理社会化、法治化、智能化、专业化水平大幅提升，发展了人民安居乐业、社会安定有序的良好局面，续写了社会长期稳定奇迹"①。社会组织作为社会治理的细胞，其社会治理效能不断取得突破与发展，在各个领域持续激发治理活力、焕发独特生机。与此同时，社会组织治理的模式也呈现出从分散管理到多重管理、从多重管理到双重管理、从双重管理到局部整体管理的过程。②

任何科学思想、理论和实践必然是时代与现实多元共谋的结果。新时代社会组织参与社会治理所展示的"共建共治共享"的本质要求与丰富内涵，离不开马克思主义社会治理理论提供的宏大视野，也离不开习近平总书记关于社会治理论述折射出的时代命题。同时，第三部门理论、善治理论、志愿失灵理论也为我国社会组织参与社会治理提供了理论养料，对推动社会组织参与社会治理创新提供了理论依据。

一、马克思主义社会治理理论

马克思、恩格斯并未对社会治理这一概念进行过系统阐释，但是作为马克思主义三大基本组成部分的马克思主义哲学、政治经济学以及科学社会主

---

① 魏礼群. 大力推进社会治理现代化［EB/OL］. 人民网，2020-02-19.
② 李峰. 由分散到整体：中国社会组织治理模式改革研究［D］. 长春：吉林大学，2022：2.

义中却蕴含着丰富的社会治理思想，也为社会组织参与社会治理研究提供了源头活水。回顾马克思主义经典作家著作，马克思、恩格斯在批判资本主义社会治理的资本逻辑和残酷、野蛮行为的同时，也从不同层面阐释了共产主义社会治理的一系列理论。

（一）国家与社会关系理论

马克思以批判黑格尔的客观唯心主义为基点，阐释了国家与社会之间的关系。第一，马克思认为国家是阶级社会的产物，是阶级统治的工具。马克思指出社会是由多元社会主体组成的，各个社会主体之间的关系应是平等的，国家不应凌驾于其他社会主体之上。恩格斯也认为"国家是整个社会的正式代表，是社会在一个有形的组织中的集中表现"①，政府作为国家进行社会管理的权力机关，必须担负起其社会治理的责任。因此，国家应该始终维护统治阶级的利益，为达到目的、维持统治而奋斗。第二，马克思认为社会治理是全体人民的事情，主张把社会治理的权利牢牢焊在人民手中，坚持全民治理，共同治理。他在其博士论文《德谟克利特的自然哲学和伊壁鸠鲁的自然哲学的差别》中就彰显了其以人民立场考量社会治理的主张，强调人民群众即社会实践的主体，"强调主权在民，要求实现人民的统治"②。恩格斯认为应充分激发人民群众参与社会治理的主动性，并提出要建立"由整个社会按照确定的计划和全体社会成员的需要来领导"③ 的组织，人民群众通过这些组织参与社会治理，维护自身权益。马克思的这些思想在今天的社会治理中仍然具有重要的理论价值。习近平总书记指出："要贯彻好党的群众路线，坚持社会治理为了人民，让群众的聪明才智成为社会治理创新的不竭源

---

① 中共中央马克思恩格斯列宁斯大林著作编译局 . 马克思恩格斯选集：第 3 卷 [M]. 北京：人民出版社，2012：668.

② 顾海良 . 马克思主义发展史 [M]. 北京：中国人民大学出版社，2009：36.

③ 中共中央马克思恩格斯列宁斯大林著作编译局 . 马克思恩格斯选集：第 1 卷 [M]. 北京：人民出版社，2012：302.

泉。"① 我国的国体与政体代表着在我国人民是国家的主人，人民的意志就是国家的意志，因此社会治理应是全体人民参与的社会实践。第三，在马克思主义视域下，国家统治职能与社会管理职能外延并不相同，前者多指统治阶级采用军队、法庭、监狱等暴力统治的工具维护其统治，后者则是采取和谐良好的手段，实现人与社会之间的协调发展，协调好国家、社会和公民之间的良性关系，满足人民群众的需要。因此，马克思认为未来共产主义社会是"一个更高级的、以每个个人的全面而自由的发展为基本原则的社会形式"②，恩格斯认为未来社会治理应该是"管理上的民主，社会中的博爱，权利的平等，普及的教育，将揭开社会的下一个更高的阶段"③。由此可见，马克思认为社会治理的目标就是将国家、社会作为工具促进人的全面发展，因此，马克思认为社会治理的目的是实现人的全面发展。

（二）市民社会理论

在马克思主义理论体系中，市民社会是一个重要概念，但这一概念并非马克思创立。溯源可知，马克思市民社会概念的源头有两个：一是亚里士多德、西塞罗等学者的界定，他们认为市民社会就是政治国家，二者高度统一；二是以黑格尔为代表的学者认为市民社会与政治国家是"既对立又统一"的矛盾体，主张将市民社会与政治国家分离开来。④ 马克思扬弃黑格尔市民社会思想，在《德意志意识形态》一文中创立了具有唯物史观意义的市民社会理论，马克思认为"在过去一切历史阶段上受生产力所制约，同时也制约生产力的交往形式，这就是市民社会"⑤。

① 习近平主持召开十九届中央国家安全委员会第一次会议并发表重要讲话［EB/OL］. 中国政府网，2018-04-17.
② 中共中央马克思恩格斯列宁斯大林著作编译局. 马克思恩格斯文集：第 5 卷［M］. 北京：人民出版社，2009：683.
③ 中共中央马克思恩格斯列宁斯大林著作编译局. 马克思恩格斯选集：第 4 卷［M］. 北京：人民出版社，1995：195.
④ 姜永禧. 马克思《德意志意识形态》关于市民社会概念的论述［J］. 赤峰学院学报（汉文哲学社会科学版），2013，34（12）：41-42.
⑤ 蒋红. 马克思市民社会理论研究［M］. 北京：人民出版社，2007：187.

在《〈黑格尔法哲学批判〉导言》中，马克思指出："有一定的市民社会，就会有不过是市民社会的正式表现的一定的政治国家。""政治国家没有家庭天然的基础和市民社会的人为基础就不可能存在"[1]，"他们是国家的必要条件"[2]。因此，马克思立足于市民社会理论，以历史唯物主义为分析框架，阐释关于社会组织参与社会治理的理论与实践。马克思认为社会治理应立足"经济基础决定上层建筑"的大框架内，强调经济条件和市民社会对社会治理的基础性作用。马克思从国家承认市民社会的合法地位以及国家可协调解决市民社会的冲突两个角度证明市民社会决定国家，即市民社会第一位，国家第二位。在社会治理中，马克思崇尚发挥社会本位作用，社会组织应充分参与到社会公共事务的管理中。再者，马克思认为平等是社会主义国家的价值共识，与资本主义国家中力求剥削的价值观不同，社会主义国家更加追求尊重、平等、合作。社会主义国家的根本政治制度和基本经济制度决定了更加多元化、开放化的市民社会价值被激发，从而为社会治理注入活力。在马克思主义视野中，"社会"被明确定义为以一定的物质生产为基础而相互联系的人们的总和，"是人们交互作用的产物"，因此马克思语境下的社会治理本质上是对人们在相互交往中结成的各种社会关系的治理。从广义上来看，是对整个人类各种各样的交往形式进行治理，而从狭义上看，是对一定社会形态下的具体社会制度进行治理。当前中国社会治理多数落脚于广义的角度，即多是以市民社会为中轴开展的有关社会关系的治理活动。

（三）社会结构和有机体理论

马克思关于社会结构和有机体理论内涵丰富，其理论不仅是衡量社会组织参与社会治理的理论标杆，而且对新时代"市域社会治理"[3] 具有理论指导价值。

---

[1] 中共中央马克思恩格斯列宁斯大林著作编译局．马克思恩格斯选集：第 4 卷 [M]．北京：人民出版社，1972：321.

[2] 中共中央马克思恩格斯列宁斯大林著作编译局．马克思恩格斯全集：第 1 卷 [M]．北京：人民出版社，1972：252.

[3] 成伯清．市域社会治理：取向与路径 [J]．南京社会科学，2019（11）：10-16.

1. 社会结构理论

通过对学术史梳理可知，"发现社会"进而探寻"社会"和"社会构成"之间的内在逻辑关系是社会学永恒的课题。换言之，"行动着的个体"与"社会结构"之间的张力和互动关系构成了学界理解"社会"的切入点。①

在社会学研究领域，关于社会结构的认知有"社会"和"个体"两种视角。奥古斯特·孔德（Auguste Comte）提出社会整体先于局部，个体只放在整个社会整体中去理解。② 涂尔干同样坚持社会本体论，他认为，社会存在的客观性使其外在于个人并制约个体行为。③ 帕森斯（Parsons）继承了涂尔干的观点，指出作为整体的社会结构对于个体影响的价值和作用，个体在社会结构面前甚至可以被忽略。④ 在此基础上，吉登斯（Giddens）提出了"社会结构二重性"，他认为社会结构的特点主要表现为"主体不在场"，但社会结构是由个体组成的有机整体，离不开个体的实践活动。由此，吉登斯提出结构和主体不是彼此分离独立的二元，而是社会结构的二重性。⑤ 图海线纳（Alain Touraine）批判了"行动者的缺席"观点，认为"社会结构"首先表现为行动者的主体性，应找回"积极的行动者"。⑥ 马克思社会结构理论在上述理论的基础上，指出应从社会结构要素尤其是要从不同层次的社会结构

---

① 郎晓波，李贝贝. 马克思社会结构理论视野下的市域社会治理体系及其现代化构建 [J]. 中共宁波市委党校学报，2020, 42 (5): 91-98.

② RANDALL C, MAKOWSKY M. The Discovery of Society [M]. New York: Random House, 1972: 21-31.

③ E. 迪尔凯姆. 社会学方法的准则 [M]. 狄玉明，译. 北京：商务印书馆，1995: 25-27.

④ 张敦福. "结构–主体"论：社会建设主体的生成 [J]. 广东社会科学，2013 (2): 195-202.

⑤ GIDDENS A. The Constitution of Society: Outline of Theory of Structuration [M]. Cambridge: Polity Press, 1984: 25.

⑥ TOURAINE A. Godrich. Return of The Actor: Social Theory in Postindustrial Society [M]. Minneapolis: University of Minnesota Press, 1988: 5.

要素出发考察和把握社会结构。① 马克思认为，社会结构是由纵横两方面的系统结构组成的统一整体。横向系统结构主要包括不同社会领域及其行动主体，纵向层次结构是指社会结构的相关子结构。同时，马克思还强调了作为社会实践主体的"人"在社会结构中的重要性和不可替代性。②

一方面，关于社会基本结构问题。马克思从唯物史观角度证明了生产力与生产关系、经济基础与上层建筑构成了社会发展的动态结构。马克思认为，生产力与生产关系是社会发展的决定力量，处于第一阶层，而经济基础与上层建筑的矛盾则是第二阶层。研究社会基本结构，实现社会治理创新需要我们在发展生产力的同时注重生产关系的调整与变革，为社会发展奠定牢固的经济基础，并以此为基础，推动政治基础的变革。另一方面，社会关系结构问题。纵观人类社会发展历程可知，人与人之间阶级的产生是以社会生产资料分配不均为开端，落后的生产力催生社会等级的分化，随即而来的是政治地位、经济地位的分化。随着剩余产品出现，社会分工越来越明确，私有制出现，这一切都为阶级的产生提供了前提。商品交换的发展使社会的贫富差距加大，阶级对立由此产生并伴随资本主义发展逐步扩大到全社会。马克思认为社会分工的持续细化可能为私有制的产生提供养分，最终导致阶级结构的失衡，产生阶级对抗。因此，必须消灭剥削和两极分化，废除任何私有制，社会的发展也是由阶级对抗最终走向阶级消亡的过程。正是在这个意义上，马克思认为社会治理具有特殊的"政治使命"，即有效的社会治理应从根本上解决私有制，杜绝阶级消亡，从而实现社会公平正义和社会的高度和谐。

2. 社会有机体理论

一方面，马克思认为整个社会是一个有机整体，人们通过实践不断与其

---

① 沙夫. 结构主义与马克思主义 [M]. 袁晖，李绍明，译. 济南：山东大学出版社，2009：2.

② 郎晓波，李贝贝. 马克思社会结构理论视野下的市域社会治理体系及其现代化构建 [J]. 中共宁波市委党校学报，2020，42（5）：91-98.

他社会要素产生由自然向自由的转变，这些社会要素包括但不限于生产力与生产关系、经济基础与上层建筑。在社会组织治理中，人们也可以通过实践与其他社会要素产生联系，助力社会发展目标的实现。在《神圣家族》这一著作中，马克思深刻地认识到，社会治理必须回到现实层面，必须通过人民群众的实践去解决社会治理存在的问题，必须通过不间断的社会革命与改革对不合理的社会治理旧制度进行扬弃，这才是社会实现高度治理，改造现实事件的关键。通过实践发现，人类社会由人对自然的依赖发展到人对物的依赖再到人的自由发展，人的发展解放都是以实践活动为基础的。所以我国社会组织治理创新要建立在实践基础之上，只有不断实践和探索才会推动社会的发展和更新。另一方面，马克思认为"现在的社会不是坚实的结晶体，而是一个能够变化并且经常处于变化过程中的有机体"①。马克思认为生产力与生产关系、经济基础与上层建筑两对矛盾，要齐手抓，互相调试。社会治理创新的要求涵盖了社会的政治、经济、文化、社会以及生态文明五方面，只有做到这五方面协调发展，才能推动社会的进步。努力促进生产力和生产关系相协调，不断优化社会主义政治和经济体系，发展优秀的社会主义文化，培育社会主义核心价值观，坚持科学发展观，只有这样才会加快社会治理创新的脚步，实现社会治理的创新。因此在社会组织治理中，各方面要齐抓共治，协调发展。

（四）列宁社会治理思想

如果说马克思社会治理思想是对未来社会治理的理论构想，那么列宁则是把理论与实践相结合的第一人。作为俄国革命和苏维埃政权建设的伟大领袖，列宁是马克思主义发展史上的重要代表人物，在探索社会主义改革和建设中做出了重要理论贡献。列宁关于社会主义国家治理的思想对当下我国社会治理理论和实践有着重要的借鉴意义。

第一，坚持党的领导。列宁在领导社会主义革命和建设实践中始终强调

① 中共中央马克思恩格斯列宁斯大林著作编译局. 马克思恩格斯文集：第 1 卷 [M]. 北京：人民出版社，2009：13.

无产阶级政党领导作用的重要性。列宁认为在国家治理过程中，应该强化无产阶级政党的核心领导地位，指出无产阶级政党对于整个苏维埃政权的方方面面都应该是统一的"总的领导"。列宁认为："无产阶级作为一个领导阶级、统治阶级应当善于指导政治以便首先去解决最迫切而又最'棘手的'任务"①。在分析党对俄国社会主义革命的重要作用时，列宁认为："党的任务则是对所有国家机关的工作进行总的领导"②，因此强调党应该保持"总领导，不干预"的原则处理社会事务。

第二，推动社会治理法治化。列宁认为，社会主义法治建设的目的在于"以便逐步过渡到全体劳动居民人人履行立法和管理国家的职能"③。他提出的关于社会主义法治化的思想，包含了立法、司法、执法、法律监督等很多方面。列宁多次指出，必须运用法律解决社会治理中出现的问题，法律面前人人平等，任何组织和个人都必须在法律的框架范围内活动。列宁认为，推进社会主义事业发展，实现高效社会治理，必须建立健全法制体系，规范社会权力运行，维护社会公共秩序。实践证明，在列宁的领导下，苏联社会主义国家不断加强民主建设，完善制度和法律，强化法律和制度在社会治理中的规范作用。列宁要求成立国家监察机关，建立监督机制，党内实行层层监督管理；要求优秀的工人和农民通过人民政府参与到监督的行列中，行使社会治理职能，在法定范围内维护自身利益。同时，列宁主张加强民主立法，制定并颁布了一系列法令与草案，鼓励人民群众监督政府，积极参与社会公共事务治理。

第三，凸显人民主体性。在社会主义国家治理之中，列宁始终坚持和发展马克思主义唯物史观，将人民群众放在主体地位上，并在社会主义国家治

---

① 中共中央马克思恩格斯列宁斯大林著作编译局.列宁全集：第41卷［M］.北京：人民出版社，1986：207.

② 中共中央马克思恩格斯列宁斯大林著作编译局.列宁全集：第43卷［M］.北京：人民出版社，2017：68.

③ 中共中央马克思恩格斯列宁斯大林著作编译局.列宁全集：第34卷［M］.北京：人民出版社，1985：448.

理过程之中将这一观点贯彻始终。列宁继承了马克思主义的群众观，主张国家和社会事务应当由人民管理。列宁指出苏维埃政权是与人民群众紧紧联系在一起的，"苏维埃同'人民'之间，即同被剥削劳动者之间的联系的牢固性。"① 列宁在不同场合多次指出："相较于人民群众，我们是微不足道的，我们必须能够准确的理解、掌握、表达人民的想法，只有准确的把握人民的想法，社会管理才能有意义。"② 列宁认为，通过广泛地发动人民参与国家和社会事务管理，可以有效地遏制官僚主义的发生。"一个国家的力量在于群众的觉悟。"③ 在社会主义革命和建设中，列宁看到了人民群众在国家建设中的重要性。因此，在社会治理实践中，列宁通过各种方式方法引导群众参与到政治治理中，充分发挥无产阶级政党领导下人民群众的主体性作用。例如，列宁提出实行苏维埃代表制、报告制、信访制，任用有能力的工人农民参与国家机关工作，召开工人大会，等等，这些方式有效地提高了人民群众参与社会治理的积极性和主动性。

二、习近平总书记关于社会治理的重要论述

习近平总书记关于社会治理的重要论述是马克思主义中国化的最新理论成果，是"两个结合"开出的最新的理论之花，是指导新时代我国社会治理的纲领性文件和基本理论遵循。换言之，习近平总书记关于社会治理的重要论述对于回应当下社会治理困境，补齐短板、提高水平、创新方式、完善体制、明确方向，构建现代社会组织治理新格局，实现新时代我国社会治理现代化具有重要的理论价值和现实意义。

党的十八大以来，以习近平同志为核心的党中央立足"百年未有之大变

---

① 中共中央马克思恩格斯列宁斯大林著作编译局．列宁全集：第 34 卷［M］．北京：人民出版社，2017：185．
② 顾玉兰．列宁社会主义国家治理思想及其当代启示［J］．马克思主义研究，2015（10）：28．
③ 中共中央马克思恩格斯列宁斯大林著作编译局．列宁选集：第 3 卷［M］．北京：人民出版社，2012：347．

局"和"五位一体"战略全局，围绕统筹党和国家各项事业发展，提出了一系列社会治理的新思想、新理论。围绕社会治理问题，习近平总书记在不同场合作出重要阐释，逐渐形成一套体系完备、内涵丰富、结构完整的社会治理思想体系。深入研究习近平总书记关于社会治理的重要论述并探寻其内在逻辑，是探寻当今中国特色社会治理的科学指南，也是推动社会组织治理现代化的理论依据。从理论源头分析可知，习近平总书记关于社会治理的重要论述是在新的社会条件下对马克思主义社会治理理论的继承与发展，是具有中国特色、中国风格、中国气质的社会治理方案。

（一）社会治理目标

第一，保障和改善民生。习近平总书记始终将"提高保障和改善民生水平，加强和创新社会治理"① 作为民生工作的首要目标。保障与改善民生是新时代创新社会治理的出发点，也是社会治理的根本目标。回顾党的历史，中国共产党自成立之日起就将维护人民群众的根本利益作为自己的历史使命，这也是中国共产党"立党为公、执政为民"的本质要求。首先，始终坚持和发展生产力，在供给侧改革上持续发力从而缓和社会矛盾。习近平总书记反复强调："要积极推动解决人民群众的基本民生问题，不断打牢和巩固社会和谐稳定的物质基础，从源头上预防和减少社会矛盾的产生。"② 因此，经济发展与保障和改善民生是辩证统一的，通过夯实经济基础，才能为改善民生提供坚实的物质保障，从而维护社会和谐氛围。其次，就业是民生的根本。就业是民生之本，发展之源。就业问题能否有效地解决是人民群众关心的重点，也是社会治理成效考核的重要指标。习近平总书记指出："一个人没有就业，就无法融入社会，也难以增强对国家和社会的认同。失业的人多

---

① 习近平. 决胜全面建成小康社会 夺取新时代中国特色社会主义伟大胜利［N］. 人民日报，2017-10-28（1）.

② 中共中央宣传部. 习近平总书记系列重要讲话读本［M］. 北京：人民出版社，2016：222.

了，社会稳定就面临很大风险。"① 而"解决就业问题的根本要靠发展"②，就业问题的有效解决对社会治理的完善、社会秩序的维护、社会经济的发展具有推动作用。为此，十九届四中全会《中共中央关于坚持和完善中国特色社会主义制度 推进国家治理体系和治理能力现代化若干重大问题的决定》强调，进一步完善就业机制，保障多渠道灵活就业，促进高质量就业。

第二，促进社会公平正义。公平正义是衡量社会治理效能的"检测器"，更是社会工作的"矫正器""调节阀"，习近平总书记强调"要通过各种制度安排保障人民群众各方面权益，促进社会公平"③。通过梳理习近平总书记关于社会治理重要论述可知，促进社会公平正义是习近平总书记社会治理重要论述的核心。首先，教育是民生的基石，促进社会公平正义离不开教育公平。习近平总书记曾多次在讲话中强调教育的重要，指出"教育是国之大计、党之大计"④。社会治理实践中，习近平总书记强调构建完备的教育体系，高度重视和大力发展教育事业。习近平总书记指出必须贯彻"扶贫先扶智"思想，使部分发展较落后地区的孩子能够享受同等的教育资源，为他们创造能够摆脱贫困的条件。其次，构建公平公正的社会保障体系。党和政府历来重视社会保障体系的建设，特别是对于老龄人口以及社会弱势群体，习近平总书记指出要不断健全保险制度，尽快落实好社保卡的转移接续，对于跨区域看病就医的民众，不断健全异地就医结算制度，更好地保障他们的权益，推动社会公平正义目标实现，促进社会和谐。最后，调节收入分配，促进社会良性运转。良好的收入分配制度是提升人民幸福感、获得感、满足感的重要前提，同时也是激发人民群众生产主动性、提高社会经济效率的重要

---

① 中央民族工作会议暨国务院第六次全国民族团结进步表彰大会在北京举行 [N]. 人民日报，2014-09-30（1）.
② 李维. 习近平重要论述学习笔记 [M]. 北京：人民出版社，2014：178.
③ 中共中央宣传部. 习近平总书记系列重要讲话读本 [M]. 北京：人民出版社，2016：213.
④ 习近平. 在教育文化卫生体育领域专家代表座谈会上的讲话 [N]. 人民日报，2020-09-23（2）.

举措。习近平总书记指出"收入分配是民生之源，是改善民生、实现发展成果由人民共享最重要最直接的方式"①。不合理的收入分配制度是社会有效治理的重大障碍。

第三，提高社会福祉。党的十九大提出"使人民获得感、幸福感、安全感更加充实、更有保障、更可持续"②。习近平总书记高度重视人民在社会生活幸福感的获取，在十九大报告中，习近平总书记强调："带领人民创造美好生活，是我们党始终不渝的奋斗目标。"③习近平总书记始终坚持问题导向，着眼于人民群众最关心的现实问题，不断丰富社会治理内涵与实践路径。习近平总书记号召以总体国家安全观为指导建设平安中国，满足人民对安全的需要。党的十九大报告将国家安全纳入社会治理范畴，提出"建设平安中国，加强和创新社会治理，维护社会和谐稳定，确保国家长治久安、人民安居乐业"④。习近平总书记在党的十九届四中全会进一步指出"建设更高水平的平安中国"，明确平安中国的基本内涵和核心要义，即分别在个人、社会和国家层面实现人民安居乐业、社会和谐有序、国家长治久安的目标，切实解决危害公共安全的突出问题，不断增强人民群众的安全感和满意度。

（二）社会治理原则

习近平总书记多次强调社会治理工作是个系统性大工程，必须确保各个环节紧密相连、稳健落实各项措施。为此，习近平总书记强调社会治理应坚持党的全面领导、坚持"共建共治共享"、坚持法治与德治相结合原则。以上原则是创新社会治理体制、协调高效运转社会治理的关键，也是实现保障和改善民生、促进社会公平正义、提高社会福祉治理目标的前提。

---

① 中共中央宣传部. 习近平总书记系列重要讲话读本［M］. 北京：人民出版社，2014：114.
② 习近平. 决胜全面建成小康社会 夺取新时代中国特色社会主义伟大胜利［N］. 人民日报，2017-10-28（1）.
③ 习近平. 决胜全面建成小康社会 夺取新时代中国特色社会主义伟大胜利：在中国共产党第十九次全国代表大会上的报告［M］. 北京：人民出版社，2017：45.
④ 习近平. 决胜全面建成小康社会 夺取新时代中国特色社会主义伟大胜利［N］. 人民日报，2017-10-28（1）.

第一，坚持党的全面领导。坚持党的领导是社会治理的根本所在，正如习近平总书记指出："党是领导一切的，坚决维护党中央权威，健全总揽全局、协调各方的党的领导制度体系，把党的领导落实到国家治理各领域各方面各环节。"① 诚然，回顾中国共产党的百年征程，在中国革命、建设和改革的历史进程中，党带领全国人民解放了中国、建设了社会主义国家和进行了改革开放，党带领人民群众在社会主义事业建设中抓住了关键，把握了方向，明确了目标。在新时代社会治理的全新背景下，中国共产党正在持续发挥着战略统筹、协调各方的领导核心优势。因此，坚持和完善党的领导是实现社会治理善治的根本保证，更是新时代背景下去推进社会治理现代化建设，提升社会治理工作实效的组织保障。

第二，坚持"共建共治共享"原则。党的十九大报告对原有的"共建共享"理念进行升级更新，添加了"共治"理念，理念更新的背后传达的是中国共产党始终站在时代发展前线的理论自觉，是党和政府始终保障自身发展方向与人民需求相一致的初心使命。习近平总书记强调在社会治理中"坚持和完善共建共治共享的社会治理制度，保持社会稳定、维护国家安全"②。其中，三者之间的关系是相互联系、相互支撑，共建是方式，共治是手段，而共享是目标。这一原则体现在实践中就是新时代社会治理应致力于多元主体形成合力实现共治共享，极大程度体现了政府、社会组织、人民群众、党委等多元主体的良性互动和协调共治。"共建共治共享"原则体现在社会组织参与社会治理中，就是充分发挥社会组织的"第三方力量"的作用，培养社会组织参与治理的主体意识，增强社会组织参与责任感，构建多元主体参与的、具有均衡性的社会治理格局。

第三，坚持法治与德治相结合原则。德法并治、德法兼顾既是社会治理手段的创新，更是社会治理坚持的原则。在中国特色社会主义现代化进程中，以法治思维解决社会治理问题、以德治思维化解人民群众心中郁结，是

---

① 习近平．习近平谈治国理政：第 3 卷［M］．北京：外文出版社，2020：125.
② 坚持和完善共建共治共享的社会治理制度［N］．光明日报，2019-11-09（1）.

法治与德治两手抓、社会治理能力实现质的飞跃的关键。习近平总书记明确指出："国家和社会治理需要法律和道德协同发力，需要法治和德治两手抓"①。要在治理实践中始终牢记"人民权益要靠法律保障，法律权威要靠人民维护"②。不断用法治思维化解人民群众的利益冲突，在执行过程中强调时效性与稳定性，使多元社会治理主体可在合理、合法、合情的程序中行使自身权力。简言之，社会治理中坚持德法并治，依法治理、以德服人，为社会治理稳健运行保驾护航。

（三）社会治理主体

传统社会管理模式中，政府是单一且唯一的社会管理主体。自上而下的刚性管理方式、强制果断的治理模式，使社会管理常常面临"一管就死、一松就乱"的局面，甚至"越管越乱"，不仅日益激化基层矛盾，而且难以激发社会活力。习近平总书记指出，社会治理改革"遇到关系复杂、牵涉面广、矛盾突出的改革，要及时深入了解群众实际生活情况怎么样，群众诉求是什么，改革能给群众带来的利益有多少，从人民利益出发谋划思路、制定举措、推进落实"③。因此，应重视和支持广大人民在社会治理中的主体地位，以人民群众的需求为治理方向，保障人民群众利益的最大化。2014年3月，习近平总书记在全国"两会"参加上海代表团审议时明确指出："加强和创新社会治理，关键在体制创新，核心是人，只有人与人和谐相处，社会才会安定有序。"④ 社会是由人构成的，错综复杂的社会关系都是人与人之间的关系构成的。人与人之间的关系理顺了、和谐了，社会才能安定有序，才能和谐稳定。因此，社会治理要紧紧抓住人这个核心。为此，习近平总书记

---

① 戴木才.坚持依法治国和以德治国相结合 [N].人民日报，2017-02-14（7）.
② 习近平.习近平谈治国理政：第2卷 [M].北京：外文出版社，2017：115.
③ 在中央全面深化改革领导小组第二次会议上的讲话 [N].人民日报，2014-03-01（1）.
④ 习近平.论坚持全面深化改革 [M].北京：中央文献出版社，2018：95.

指出，应建立"人人有责、人人尽责、人人享有的社会治理共同体"①。换言之，治理主体多元化既是制度层面的创新，也是为了满足人民群众的呼声和诉求。新时代的社会治理在保留党委、政府治理主体地位的基础上，接纳了广大人民群众的参与，尤其是强调社会组织及民众的参与从而建构党委、政府、社会组织和人民群众等多元主体参与的"治理共同体"。

第一，党委统一领导。党委和政府是社会治理的主要力量，在社会发展中发挥着统筹协调的作用。坚持和完善党的领导是实现社会治理善治的根本保证，发挥政府主导作用是实现社会治理善治的有效路径。中国共产党是中国特色社会主义事业的领导核心，在社会治理中发挥主导作用。社会治理工作是一个系统的工程，治理内容涉及政治、经济、文化、生态等方面，这就需要一个强有力的领导进行协调，历史和实践证明了中国共产党是一个坚强的领导核心。习近平总书记指出"社会治理是一门科学，要着力提高干部素质，把培养一批专家型的城市管理干部作为重要任务"②。因此，社会治理需要党不断提高领导能力，在治理过程中既要"抓重点"，又要"会放权"，领导力度要更加柔和，领导效率要更加高效，领导能力要更加提高、领导方式要更加先进，提高党委在社会治理中"把方向、管大局、保落实"的实现。第二，政府负责。十九大报告指出要实现政府负责的社会治理体系。政府作为传统社会管理的主体，其重要的地位决定了社会治理前进的方向是否正确，直接影响治理现代化的实现。在新时代社会治理工作中，政府的执行力仍需加强。"政府负责"是社会治理能力提升的关键，政府应转变职能，简政放权，从"全能型"向"服务型"转变。各级政府是国家政策的具体执行者，与各项具体措施的落实紧密相关。在全新的治理格局下，政府需要改变以往的治理模式，以制定政策措施、协调公共服务、维护社会秩序为重点，

---

① 中共中央关于坚持和完善中国特色社会主义制度 推进国家治理体系和治理能力现代化若干重大问题的决定 [M]．北京：人民出版社，2019：28.

② 推进中国上海自由贸易试验区建设 加强和创新特大城市社会治理 [N]．人民日报，2014-03-06（1）.

充分调动人民群众的参与性，促进共同建设模式的形成。第三，社会组织和人民群众。习近平总书记指出"要发挥群团组织、社会组织作用，发挥行业协会商会自律功能，实现政府治理和社会调节、居民自治良性互动"①。实践已经证明，社会组织在社会中发挥着重要作用。学界普遍认为只有政府、企业和社会组织三者力量均衡的社会结构才能实现有效社会治理。而社会组织自身的特性决定了其协调社会利益、化解社会冲突、提供公共服务、增进社会认同等的积极作用和特殊价值。简言之，社会组织是社会协同治理的不可或缺的重要主体。因为，社会治理问题是人与人之间的关系问题，必然要全社会共同合作。近年来，人民群众开始更多地承担起社会事务的责任，党和政府也积极推进人民群众参与社会治理现代化的建设，成效显著。

一言以蔽之，习近平总书记关于社会治理重要论述，其核心要义是鼓励包括社会组织在内的多元主体主动参与到社会治理中来，建构社会治理共同体，实现"共建共治共享"。

三、"第三部门"理论

现代意义上的"第三部门"理论起源于西方，直到 20 世纪 80 年代才传入中国。随着这一理论的不断丰富完善，"第三部门"的内涵和范式不断发展。实践中，人们也通常将"第三部门"称为"独立部门""支援组织""利他部门""非政府公共部门"等。从学术史角度看，美国学者 T. 列维特（T. Levitt）是较早提出"第三部门"理论的学者，1973 年列维特将"第三部门"定义为政府（第一部门）与市场（第二部门）之外的组织体系。

美国约翰·霍普金斯大学莱斯特·M. 萨拉蒙曾指出："'第三部门'是个非常复杂而又难以确定的概念，没有特定的术语能有助于描述这一部门"②。从学术史角度分析，"第三部门"的发展经历了一个漫长且复杂的时

---

① 中共中央关于坚持和完善中国特色社会主义制度 推进国家治理体系和治理能力现代化若干重大问题的决定 [N]. 人民日报，2019-11-06（1）.

② 徐丹. 第三部门的缘起及其相关概念辨析 [J]. 法制与社会，2013（29）：184-185.

期。学界从不同角度提出自己对"第三部门"特征的认知和理解。清华大学王名教授认为"第三部门""非政府组织""非营利组织"属同位概念，是一种正式的组织形式，既不隶属于政府，也不以开展营利活动为目的，具有独立性、自主性、志愿公益性的社会组织①；日本的重富真一认为"第三部门"应具有非政府性、非营利性、自发性、持续性、利他性、慈善性的特征②。还有学者认为：准公共性、非营利性、非强制性、民间性、独立性、组织性是"第三部门"的代表性特点③。综合已有研究，可以看出，"第三部门"也就是本书所说的社会组织，具有非营利性及公益性、组织性、民间性等特征。从类型分析，"第三部门"也极为复杂和多元。关于这一问题，西方学者将"第三部门"分为如下四种④：联合国国际标准产业分类体系⑤、欧共体经济活动产业分类体系⑥、美国慈善统计中心设计的免税团体分类体系⑦及由一批学者设计的非营利组织国际分类体系⑧。这些体系分别按照一定的标准或原则将"第三部门"划分为各种的大类小项，但由于"第三部门"的存在和发展同各国的政治经济、文化传统等因素密切相连，所以分类标准并不统一。

国内关于"第三部门"概念的研究，主要有以下四种角度。第一种是以康晓光先生为代表，从经济学的角度出发，借助公共物品、私人物品的概念来为各个部门划分疆域，定义"第三部门"，这种观点认为满足以下几个条

---

① 王名. 非营利组织管理概论［M］. 北京：中国人民大学出版社，2010.
② 王名，贾西津. 中国 NGO 的发展分析［J］. 管理世界，2002（8）：30.
③ 刘大洪，李华振. 政府失灵语境下的第三部门研究［J］. 法学评论（双月刊），2005（6）：13-18.
④ 翟秀红. 第三部门及其法律问题研究［M］. 北京：中国政法大学出版社，2013：10.
⑤ 联合国国际标准产业分类体系，即 the U. N. International Standard Industrial Classification System，简称"ISIC"。
⑥ 欧共体经济活动产业分类体系，即 the European Communities General Industrial Classification of Economic Activities，简称"NACE"。
⑦ 免税团体分类体系，即 the National Taxonomy of Exempt Entities，简称"NTEE"。
⑧ 非营利组织国际分类体系，即 the International Classification of Non – profit Organizations，简称"ICNPO"。

件就可以界定为"第三部门"，它们是：依法成立的正式组织；具有一定的独立自治性；从事的是非营利性的活动；符合志愿性以及公益性的要求。第二种是清华大学 NGO 研究所的学者王名提出的，他认为"第三部门"应该是指"不以营利为目的，主要从事那些公益性或互助性的活动，不从属于国家党政体系的正式组织"。第三种则是以特征来定义"第三部门"，比如，以王绍光学者为代表的"特征说"，认为具备自治性、组织性、民间性、非营利性以及志愿性等几大特征的社会组织就是"第三部门"。第四种是从法理的角度去定义"第三部门"，可以把"第三部门"分为社会团体、基金会、民办非企业单位。清华大学王名教授根据发展历程、组织形式和对政府的依附性，将"第三部门"分为自上而下建立起来的官办型、半官办半民办的合作型、自下而上建立的民办型和外部输入型。一般而言从大范围看，"第三部门"主要有社会团体、事业单位、民办非企业单位、基金会、村民委员会、业主委员会等。从小范围看，"第三部门"主要包括社会团体、民办非企业单位和基金会。有学者指出通常情况下，"第三部门"主要指具备相对严谨的内部治理条件，能满足个体在社会公益领域职业发展需求的，通过承接、定制、实施、推广专业性公共服务及产品的方式维持组织可持续运作的专业社会公益机构①。

从组织功能看，"第三部门"不仅有效弥补了政府失灵与市场失灵的问题，还承担着政府与市场无法触及、不愿触及和不便触及的公共事务，因此在社会治理能够发挥重要作用②。我国正处于社会转型的关键时期，政府正由原来的"管理型"政府向"服务型"政府转变，"第三部门"社会治理价值凸显，成为社会治理格局中的重要力量。因此，如何发挥社会组织功能，更好地满足广大人民群众的多元化需求，为广大人民提供公共服务、助力社

---

① 屠俪雯. 第三部门在社区治理中与相关主体的关系研究：以上海新途社区健康促进社为例 [D]. 上海：上海交通大学，2014.

② 李文良. 关于我国第三部门的再认识 [J]. 山东师范大学学报（人文社会科学版），2003（6）：111-114.

会治理现代化，是当前摆在学界面前的重要课题。党的十六届六中全会、十七大报告和十八大报告中都明确提出强化社会组织（第三部门）参与公共服务领域职能，而在十九大报告中再次明确了"第三部门"作为参与公共服务领域以及社会治理体系的主要主体，标志着国内"第三部门"在多元治理格局中发挥越来越重要的作用。

四、"善治"理论

理论溯源可知，"善治"理论源于治理理论。从根本上讲，"善治"是社会存在方式的一种状态，只是一种理想治理状态，因为"善治"理论的兴起是人类社会对"好的治理"的一种学术探索。国内关于"善治"起源有着不同的学理解读。"善治"概念可追溯到中国传统词汇"善政"，指以更好的手段治理社会。有学者认为老子《道德经》第八章"政，善治"一语，系统地提出了"善治"的管理模式，对治理者提出明确要求。即管理者应提高自身修养，以德治理，为民众做出表率与引领；治理方式上，注重社会风气的养成，以非强制力量实施社会管理。学者张尚仁认为，"善治"一词起源于董仲舒"对贤良策"，"当更化而不更化，虽有大贤不能善治也。故汉得天下以来，常欲善治而至今不可善治者，失之于当更化而不更化也"。在这里董仲舒明确界定了"善治"的内涵，并把"善治"与"善政"进行了科学区分①。

从现代意义层面上看，"善治"理念起源于20世纪80年代的西方公共治理变革，是政府治理的一种发展。20世纪末全球化程度加深，有效治理困难加大，资本主义国家陆续出现福利国家危机，如何处理好政府、市场、社会三者之间的关系，成为"善治"理论形成的时代背景。"善治"的英文名为 good governance，可直译为"良好的政府"或"良好的统治"。概括地说，"善治"就是使公共利益最大化的社会管理过程，其本质特征是政府与公民

---

① 张尚仁.《道德经》"善治"的社会管理理论 [J]. 思想战线，2012，38（2）：31-36.

对公共事务的合作管理，是政府与市场、社会的一种新型关系①。法国学者玛丽-克劳德·斯莫茨提出，"善治"理论的意义有四方面：（1）公民安全得到保障，法律得到尊重；（2）公共机构进行有效的行政管理；（3）政治领导人实行职责和责任制；（4）信息灵通具有政治信息透明性②。

在国内，"善治"一词最早出现在经济学领域，后被广泛应用于政治学、行政学、社会学、管理学等学科，成为我国社会科学的重要理论范式之一。俞可平指出："概括地讲，善治就是使公共利益最大化的社会管理过程。善治的本质特征，就在于它是政府与公民对公共生活的合作管理，是政治国家与市民社会的一种新颖关系，是两者的最佳状态。""善治是政府与公民之间积极而有效的合作，这种合作成功与否的关键是参与政治管理的权力。公民必须有足够的政治权利参与选举、决策、管理和监督，才能促使政府并与政府一道形成公共权威和公共秩序。"③ 夏建中从全球、国家和地方三个层次分析了"善治"埋论的特点，为我们分析"善治"埋论的意义提供新思路。简而言之，"善治"提倡政府与群众的合作，主张让群众参与到公共事务的治理，从而更好地协调社会、市场、政府之间的关系④。因此，夏建中认为"善治"是以人民为中心的价值理念下还政于民的新型实践形式。

俞可平是国内研究"善治"第一人。他发表的《治理和善治引论》《治理和善治：一种新的政治分析框架》《全球化时代的善治》《善政：走向善治的关键》等系列论文，全面系统地梳理了"善治"理论，对西方相关理论进行了引荐和阐释，并立足"中国之治"和学术语境对"善治"的理论谱系进行了学术建构。俞可平明确指出，"善治"在我国不应该仅仅是单纯指"好的政府"，而应该是"好的治理"。同时，俞可平认为"善治"应当具有合

---

① 陈广胜. 走向善治 [M]. 杭州：浙江大学出版社，2007：102.
② 玛丽-克劳德·斯莫茨，肖孝毛. 治理在国际关系中的正确运用 [J]. 国际社会科学（中文版），1999（1）：81-89.
③ 俞可平. 治理理论与中国行政改革（笔谈）：作为一种新政治分析框架的治理和善治理论 [J]. 新视野，2001（5）：37.
④ 杨依玮. 当代中国国家治理现代化的社会主义逻辑 [D]. 上海：东华大学，2020.

法性、法治性、透明性、责任性、回应性、有效性、参与性、稳定性、廉洁性、公正性几个关键要素。① "善治"理论认为，理想的政府不仅是秩序、公平、负责任和透明的，还应该是参与的。参与是"善治"的基础，因为参与确保穷人和他们的关注被考虑进来。按照这一观点，理想的政府应该是负责任的、透明的、群众广泛参与的、秩序公平有效实施的。② "善治"理论一经引介，迅速激起国内学者的研究兴趣与热情，学术成果主要集中于"善治"的概念、"善治"与法治、"善治"话语之下国家与社会的关系，以及"善治"理论的适用性论证分析等诸多方面。

五、"志愿失灵"理论

20 世纪 80 年代，以志愿服务组织为代表的非营利组织在世界范围内广泛兴起，并迅速引起了公众和学者的极大关注。在此背景下，美国学者萨拉蒙基于政府失灵与市场失灵问题提出"志愿失灵"理论。一经提出便引发世界范围的研究浪潮，也为我国社会组织参与社会治理提供新的理论资源。

"志愿失灵"（voluntary failure）最早由美国学者萨拉蒙提出。1987 年，萨拉蒙使用经验研究的方法对全球范围内的志愿服务组织进行测量和研究后，提出了"志愿失灵"理论。他从四个维度来阐释志愿服务的缺陷：慈善能力不充分、慈善特殊主义、慈善父权性和慈善业余主义。萨拉蒙以此为理论工具分析了非政府组织（社会组织）自身的缺陷：志愿资源的不足、志愿对象的特殊性、志愿组织的父权性以及志愿组织的业余主义等内容。③ 萨拉蒙"志愿失灵"理论对于非营利部门研究产生了深远的影响。萨拉蒙"志愿

① 彭莹莹，燕继荣. 从治理到国家治理：治理研究的中国化 [J]. 治理研究，2018，34（2）：39-49.

② 赵成新. 推进乡村善治 实现乡村振兴：对乡村治理的调研与思考 [J]. 新湘评论，2022（3）：36-37.

③ SALAMON L M. Of Market Failure, Voluntary Failure, and Third – Party Government: Toward a Theory of Government – Nonprofit Relations in the Modern Welfare State [J]. Journal of Voluntary Action Research, 1987, 16 (1-2): 39.

失灵"理论是建立在政府失灵和市场失灵基础上而提出的一种理论，理解"志愿失灵"，必须首先理解政府失灵和市场失灵。市场失灵，即市场缺陷，是指市场无法高效、有效地分配资源和服务的一种社会现象。这主要是由于市场外部性造成的市场困境。政府失灵是指政府无法及时、精准而又灵活地对市场失灵问题进行调节，进而导致公共资源与公共产品资源浪费和无效、低效等问题。正是由于面临市场失灵与政府失灵的双重压力，凸显了"第三方部门"即志愿组织的价值功能。但志愿组织并非万能，在实际运营中也存在自身的问题——"志愿失灵"。随着非营利组织（志愿组织）的发展，其自身的缺陷也日益显现。在此基础上，萨拉蒙提出了"志愿失灵"理论，用来描述个人或集体资源的非营利组织在提供志愿服务活动过程中因为种种问题无法正常开展志愿服务活动的现象。

　　萨拉蒙在对传统非营利组织理论反思的基础上首次提出"志愿失灵"理论，并把志愿失灵归纳为以下几类。第一，慈善不足。这一问题具体表现为"搭便车"现象：不论得到照顾的人是否承担过照顾成本，他都可以受益，导致人们倾向于让别人承担大多数成本。所以如果只凭借志愿奉献的制度，那么社会上可以利用的资源就会少于被认为的最佳状态①。第二，家长作风。志愿组织里的发言权往往掌握在有经济资源的人手里，掌握慈善资源的人决定了志愿组织的结构、服务对象、活动内容，从而导致组织运行过程中的各个环节都体现了资源掌控者的个人偏好。这种不民主的决策过程不但不能达到志愿服务的目的，反而可能会使被帮助者有利益受损的感受，还会使他们背负来自社会的道德说教。第三，业余性。萨拉蒙说"志愿制度的最后一个问题是，它用业余的方法来处理人类的问题"②。志愿组织强调的是志愿性，相关工作主要依靠爱心人士，因而对组织绩效和服务质量会有一定影响。第

---

① 萨拉蒙. 公共服务中的伙伴：现代福利国家中政府与非营利组织的关系［M］. 北京：商务印书馆，2008：47-49.

② 萨拉蒙. 公共服务中的伙伴：现代福利国家中政府与非营利组织的关系［M］. 北京：商务印书馆，2008：49-50.

四，局限性。志愿组织作为政府失灵的一种补充，活动对象往往只局限于某些特定的社会群体，在志愿组织活动中也往往会集中关注和帮扶人口中的具有共性特征的人群，这就造成了选择服务的对象会有一定的局限性，也使得具有个别需求的帮扶对象无法得到对等的资源援助。①

当然，也有学者对志愿失灵理论内涵提出了不同的看法。汉密尔顿（Hamilton）认为萨拉蒙的解释太过于抽象化，同时忽视了社会环境的复杂性和社会过程的参与也包括政府这一现实因素。而且几乎任何组织都会面临"慈善的特殊性（philanthropic particularism）""慈善的父权性（philanthropic paternalism）"和"慈善的业余性（philanthropic amateurism）"② 这样的难题，这并不能说是慈善组织独有的问题。随着越来越多的学者将目光转向了对志愿组织的研究，"志愿失灵"理论也逐渐在国内展开研究浪潮。不过由于国情、治理传统、社会文化等差异，萨拉蒙提出的"志愿失灵"理论不能完全解释我国志愿组织出现的失灵状况。我国学者针对国内现状，对"志愿失灵"理论进行本土化阐释和理论建构。杨海涛、彭闯认为从"志愿失灵"到"志愿残缺"，中国志愿服务组织的运行机制都存在效率损失状态③。孙婷则认为萨拉蒙的"志愿失灵"理论是建立在对西方社会环境下的研究分析与实地考察的基础上所提出的，而我国志愿服务组织的"志愿失灵"表现及成因具有一定的特殊性，主要表现在行政色彩浓厚、资金不足、运作混乱、人才缺乏等方面④。周利敏在实务经验的基础上补充了"志愿失灵"的表现

① 萨拉蒙. 公共服务中的伙伴：现代福利国家中政府与非营利组织的关系 [M]. 北京：商务印书馆，2008：50.

② 虞维华. 从"志愿失灵"到危机：萨拉蒙非营利组织研究疏议 [J]. 行政论坛，2006（2）：91-95.

③ 杨海涛，彭闯. 志愿组织过往经历、定向目标及其行动能力 [J]. 改革，2013（9）：145-150.

④ 孙婷. 中国式"志愿失灵"表象剖析：以北京志愿服务为例 [J]. 中国青年研究，2011（10）：54.

形式，包括志愿服务组织的公信力偏低和受政府福利政策冲击影响大等方面①。同时，国内学者虞维华首次指出当前所开展的相关研究并没有充分认识到理论的逻辑缺陷，他认为"志愿失灵"的表现形式应当更多样，不仅仅是现有的四种表现②。

"志愿失灵"原因的研究方面，世界发展委员会主席保罗·斯特里腾（Paul Streeten）认为"志愿失灵"问题更容易发生在经济水平较低的发展中国家和地区，因为在资源分配上，志愿服务组织在选择服务对象和分配服务资源时具有绝对权力，当组织具有一定的倾向性后就很容易忽视那些需要帮助的社会亚群体；其次发展中国家志愿服务的发展易受到本国政体和历史文化的影响，志愿服务的开展经常体现出一定的政令性和官僚化操作；最后在实施结果上，由于受到国家或地区的社会、民族、宗教影响，当志愿服务的实效结果与预期结果偏离较大时，甚至会引发更为严重的社会冲突问题③。美国学者雅米尔·吉瑞赛特（Jamil E. Jreisat）评析志愿服务功能缺失的原因时更多地归咎于外部因素，即地缘环境、政治环境、经济环境的发展水平深远影响志愿服务组织的建立和发展④。而霍尔（Hall）则认为志愿服务功能缺失问题的核心因素主要来自内部，即管理手段。一个组织的领导层面决定大多数组织的成败兴衰，组织的决策制定和执行关乎组织的发展方向，组织内外充分沟通决定社会资源的支持与共享，所以领导无力、决策失败、沟通不畅就是"志愿失灵"的原因⑤。在国内，我国学者关于"志愿失灵"理论

---

① 周利敏. 大陆灾害社会工作实务反思与本土化启示：基于四川 5·12 大地震以来的实务经验 [J]. 广州大学学报，2014，13（6）：25-31.

② 虞维华. 从"志愿失灵"到危机：萨拉蒙非营利组织研究疏议 [J]. 行政论坛，2006（2）：91-95.

③ 保罗·斯特里腾. 非政府组织和发展 [M]//何增科. 公民社会与第三部门. 北京：社会科学文献出版社，2000.

④ 里贾纳·E. 赫茨琳杰，等. 哈佛商业评论精粹译丛：非营利组织管理 [M]. 北京：中国人民大学出版社，2000：2.

⑤ 雅米尔·吉瑞赛特. 公共组织管理：理论和实践的演进 [M]. 李丹，译. 上海：上海译文出版社，2003：44.

也有着独到的研究。秦晖认为，志愿失灵是劳务危机和财务困境①。胡德平指出"志愿失灵"主要有公益不足、效率低下、非志愿化和志愿活动的功利主义等方面的原因②。孙婷指出政府对志愿服务相关制度供给不足和不规范的政府管理模式，是形成中国式"志愿失灵"的主要原因③。叶丽芬指出我国社会组织产生"志愿失灵"的原因有社会组织的相关法律法规不健全和政府对社会组织的扶持力度不足、干预过多、监管不到位④。许滟绯从上海市Y社区志愿服务的实际情况入手，梳理出社区"志愿失灵"的三种表现：动力缺失、价值偏离和效率困境，并将原因聚焦于政府在志愿者组织具体运作上的越位、在志愿服务制度供给上的缺位和政府部门之间利益博弈形成的政府分割等方面⑤。黄鹤认为"志愿失灵"的原因有：志愿者和服务对象之间权利和义务的不明确定位；行政主导力的束缚；人力资源及其策略的缺失。针对以上原因他从调整组织管理结构、打造组织文化品牌、完善组织的激励机制、创建学习型组织四方面提出了解决方案⑥。胡德平指出"志愿失灵"的原因主要表现在组织诞生的先天不足、组织环境的后天不利、官僚制倾向的组织结构、领导无力、决策失败与沟通不畅的志愿过程以及组织停滞等多方面，并认为治理失灵问题应从组织文化、流程、结构和适应性等多方面着手⑦。

---

① 秦晖. 变革之道 [M]. 郑州：郑州大学出版社，2007：15.
② 胡德平. 志愿失灵：组织理论视角的分析与治理 [J]. 理论与现代化，2007 (2)：51-55.
③ 孙婷. "志愿失灵"及其矫正中的政府责任：以北京志愿服务为例 [D]. 北京：中央民族大学，2011.
④ 叶丽芬. 政府责任视角下社会组织志愿失灵问题研究 [J]. 石家庄铁道大学学报（社会科学版），2015，9 (3)：72-75.
⑤ 许滟绯. 政府责任视角下社区志愿失灵研究：以上海市Y社区为例 [D]. 上海：复旦大学，2013.
⑥ 黄鹤. 灾后重建中的"志愿失灵"和对策研究：基于组织建设视角 [D]. 成都：西南交通大学，2010.
⑦ 胡德平. 志愿失灵：组织理论视角的分析与治理 [J]. 理论与现代化，2007 (2)：51-55.

第三章

实践证成：苏南地区社会组织参与社会治理的经验与成就

　　苏南地区作为全国经济发展前列的地区，自古以来就享有"鱼米之乡""江南水乡"等美誉。风调雨顺的气候因素、得天独厚的地理环境，加之20世纪80年代就搭上改革开放的"早班车"，苏南地区在政府"有形之手"和市场"无形之手"的双轮驱动下，充分吸收市场经济带来的养料，紧跟时代发展潮流，在第一个百年目标征程中取得骄人成绩。中国特色社会主义步入新时代以来，苏南地区以自身发展有力融入了中国特色社会主义"五位一体"总体布局、"四个全面"战略布局，既在经济社会发展方面为其他区域做出表率，也在社会治理层面创造了一个又一个的"苏南奇迹"。

　　一言以蔽之，苏南地区不仅在经济社会发展方面遥遥领先，在社会治理方面也取得巨大成就，有着独特的治理经验。近年来，随着社会公众需求多元化以及社会组织的蓬勃发展，传统的社会组织管理体系已经不能适应新变化，苏南地区在社会组织参与社会治理方面进行了大胆而有益的探讨，积累了宝贵经验。总结苏南地区社会组织参与社会治理的经验与成就，深入对苏南地区社会组织参与社会治理的特殊模式和个性化路径进行分析总结，不仅可以完善苏南地区社会组织的社会治理样态，还可以发挥苏南地区的带头作用，从特殊中寻找共性，为进一步推动全国社会治理提供现实的指导价值。

第一节　机制完备：拓展社会组织参与空间

《易传·象传下·节》中说："天地节，而四时成。节以制度，不伤财，不害民。"由此可知，机制不仅是以规则或运作模式规范个体行动的一种社会结构，而且是社会有序进行的外在保障。换言之，完善的制度体系和切实可行的运行机制，对规范个体行为、促进社会治理具有强烈的实践意义。马克思曾指出："社会上占统治地位的那部分人的利益总是要把现状作为法律加以神圣化，并要把习惯和传统对现状造成的各种限制，用法律固定下来。"① 基层治理是整个社会大厦的基石，而作为核心的治理机制则是把风格迥异、职能不同的社会组织联合起来的基本前提和重要保障。实践中，苏南地区社会组织参与社会治理的"苏南模式"为其他地区释放和提升社会组织治理效能提供新的实践思路。

一、苏南地区社会组织数量多、基数大

2006 年党的十六届六中全会通过的《中共中央关于构建社会主义和谐社会若干重大问题的决定》第一次以官方文本的方式提出"社会组织"概念，而在随后党的十七大上这一概念被再次确认。但是学术界对社会组织的理解还未得到共识。日常中人们常提及的社会组织有：非政府组织、非营利组织、民间组织、公民团体、中介组织、群众团体、人民团体、社会团体、第三部门组织、志愿者组织，等等。② 毋庸置疑，无论是上述中的哪一种社会组织，都必然是一定地区的社会成员凭借灵活性、制度性或非制度性的方式推动社会治理协调开展的过程。党的十八大以来，加强和创新社会治理，打

---

① 资本论：第 3 卷 [M]．北京：人民出版社，1975：891.
② 李峰．由分散到整体：中国社会组织治理模式改革研究 [D]．长春：吉林大学，2022.

造"共建共治共享"的社会治理格局成为党和国家在新时代的社会治理新工作。社会治理的成效与人们的幸福水平息息相关，习近平总书记多次强调，基层是社会治理的"最后一公里"，"社会治理的重心必须落到城乡社区，社区服务和管理能力强了，社会治理的基础就实了"①。由此可知，社会组织不仅是社会治理的主体，而且是处在基层社会治理前沿的关键性治理主体。换言之，大力发展苏南地区社会组织，积极培育高治理水平的社会组织是苏南地区社会治理现代化的题中之意。

近年来，苏南地区大力支持社会组织的培育与建设工作，采取各种激励措施帮助社会组织成长、激发社会组织内在活力。沉浸式考察发现，多个不同类型的社会组织遍布苏南主要城区、街道，服务职能覆盖包括但不限于专业行业协会、科技、农业及农村发展、公益慈善、城乡社区服务、社会福利、文化体育、生态环境、教育等诸多领域。经过多年发展，苏南地区基本形成了门类齐全、布局合理、功能完善的社会组织服务体系，社会组织参与社会治理成效显著。毋庸讳言，社会组织的数量与社会治理成效是密不可分的。苏南地区在 2017 年引入"孵化器模式"，为社会组织提供资源、平台、能力等支持，社会组织的治理优势被充分激发，社会组织的数量也显著增长。根据 2022 年江苏省统计年鉴可知，江苏省 2021 年社会组织总量为 89 247 个②，而苏南地区（苏州、南京、无锡、镇江、常州）社会组织数量为 37 156 个。其中，苏州 2021 年社会组织总数为 7929 个③，常州市 2021 年社会组织总数为 3591 个④，无锡市 2021 年社会组织总数为

① 中共中央文献研究室. 习近平关于社会主义社会建设论述摘编 [M]. 北京：中央文献出版社，2017：127.

② 江苏省统计局，国家统计局江苏调查队. 江苏统计年鉴 2022 [M]. 北京：中国统计出版社，2023.

③ 苏州市统计局，国家统计局苏州调查队. 苏州统计年鉴 2022 [M]. 北京：中国统计出版社，2022.

④ 常州市统计局，国家统计局常州调查队. 常州统计年鉴 2022 [M]. 北京：中国统计出版社，2022.

12 284个①。苏南地区社会组织总数占江苏省41.63%，在数量上占有绝对优势。

　　作为实现"苏南模式"转向"新苏南模式"的苏南地区，在社会治理方面也经历了多次转变，早已形成"既包含城市又包含农村的区域的明显特色是经济增长又快又好，居民富裕和谐，城乡协调发展，人和自然和谐，社会发展水平较高，公共产品供给丰富"②。进入新时代，社会组织在社会治理格局的价值功能进一步强化和细化，"十四五"规划更是将"发挥群团组织和社会组织在社会治理中的作用，畅通和规范市场主体、新社会阶层、社会工作者和志愿者等参与社会治理的途径"③ 作为国家远景发展目标之一，外部、内部条件为苏南地区社会组织数量的增长、治理成效的良性发展提供支撑。一言以蔽之，苏南地区经济发展取得的成绩有目共睹，社会组织数量也如雨后春笋般快速增长。苏南地区以自身实践，有力证明了拥有一个数量庞大的社会组织是建立健全制度管理体系的前提，有利于将人民的诉求及时反馈给上级政府，以快速的需求传送渠道和实现路径带动基层社会治理共同体的实现。

二、政社协同、多元主体良性互动

　　党的十八届三中全会首次提出"完善和发展中国特色社会主义制度，推进国家治理体系和治理能力现代化"目标。国家治理体系和治理能力，是一个国家制度和制度执行能力的集中体现。从过去"管理"到今天提出"治理"，是一次伟大的变革，也是完善和发展中国特色社会主义制度的必然要求。而国家治理体系的实质就是要实现国家和社会协同共治，重在"协"字

---

① 无锡市民政局多措并举促进社区社会组织发展 [EB/OL]．江苏省民政厅，2021-08-09.

② 江苏全面小康研究课题组，洪银兴．新苏南模式及其对建设全面小康社会的意义[J]．江苏社会科学，2006（2）：207-212.

③ 国家及各地区国民经济和社会发展第十四个五年规划和2035年远景目标纲要[J]．中国信息界，2022（5）：110.

上下功夫、做文章。一是注重协商、协调、协作、协同；二是要科学化、民主化、制度化、规范化、程序化。① 换言之，社会治理的本质是多元主体协同共治，尤其是多元主体在治理结构中应良性互动。在中国传统社会，"中央通过自上而下的科层制体系将政令层层下达至各级地方政府，进而确保政策落实到位"②。随着社会转型和社会发展，传统科层制运行的社会治理运作方式显然已经不适合当下社会发展的需求，单一社会治理运作主体在高精确度和复杂化的社会治理中，容易造成资源的浪费和行动的僵化。因此，在经济发达地区进行社会治理改革，通过政府这个"有形之手"释放社会组织参与社会治理空间不仅重要而且紧迫。有学者认为，政府和基层组织已经形成一种新型的社会治理模式——"政社合作"，这是相对于"政社不分"和"政社分离"的主张而兴起的一种新型国家-社会关系模式③，这种模式使政府与社会组织之间的关系走向共生、共建，直接促进了国家和社会组织的有效沟通，激发社会组织自主性发展。为此，习近平总书记强调："要推动政府主导、社会组织和民众三个主体分工协作、强化属地责任、共同行动，要充分发挥社会组织的作用。"④ 在政社关系层面，苏南地区率先回应，积极走在前头。苏南各级党委、政府及其部门改革放权，正确处理政社关系，以互动协作的形式，明确彼此的权力与职能、构建起社会治理的新框架、优化社会治理的能力与实效，从而形成了一系列行之有效的治理机制。2013 年，江苏省率先开启"政社互动"试点工程，无锡、苏州等地作为试点地区在政社合作方面取得一系列成绩。

无锡市滨湖人民政府结合市场经济大环境，秉持"大政府，小社会"只

① 温宪元. 实现国家治理体系和治理能力现代化 [EB/OL]. 中国共产党新闻网，2013-11-18.
② 费孝通. 乡土中国 [M]. 上海：上海人民出版社，2006：275.
③ 韩冬雪，李浩. "政社合作"推动现代社区建设：以哈尔滨市社区治理与服务创新为例 [J]. 行政论坛，2017，24 (2)：69-73，2.
④ 习近平主持召开中央全面深化改革委员会第十二次会议强调　完善重大疫情防控体制机制　健全国家公共卫生应急管理体系　李克强王沪宁韩正出席 [EB/OL]. 中国共产党新闻网，2020-02-14.

有成功转型为"小政府，大社会"才能顺应时代变化的理念，创新性地推出"城市—社区"社会治理机制，扭转了政府失灵的困境，提高了管理效率。此外无锡市滨湖人民政府也积极明确治理主体，将社会治理主体明确划分为无锡市政府、滨湖区政府、基层群众自治组织以及社会组织这四个主体，告别以往社会治理主体模糊不清的现象，扭转主客体之间的关系，通过细分主体功能，集合各主体合力参与提升社会治理。在"政社合作"上，无锡市政府积极将矛盾止于社区，无锡市政府牵头组织迎合各种服务类别的"援手志愿者协会"，发挥志愿者解决问题、服务他人的能力，不仅使社会治理更具温度，而且更具针对性；无锡市崇安区（今梁溪区）以推进"政社互动"为切入口，创新社区治理机制，构建多维度、系统化、全覆盖的社区治理框架。通过实施"清职能、清牌子、清台账、清创建"四项清理工作，不仅夯实了政社责任，还通过厘清行政事务和自治事务"两份清单"，重新明确责任主体，理顺社区各类组织关系，推动"政社互动"良性发展。①

从历史角度看，苏州一直就有"政社合作"的历史文化背景。早在1992年，苏州太仓市就推行村民会议、村民代表会议、村民代表会议主席、村民议事为主要形式的民主决策，并且制定了全国第一个《村民自治章程》。2004年全国政务公开协调小组在太仓市召开"全国政务公开和民主管理工作会议"，使得太仓市村民自治经验走向全国。经济发达的苏州地区率先开创出的社会治理模式带给人们极大的便利性，同时也不可避免更早地面临治理困境与危机。由于前期政社合作带来巨大的便利性，导致居民过于依赖政府部门以及社会组织，人们的自主性开始缺乏、自主能力开始降低。针对新情况和面临的新问题，苏州市政府根据党的十七大报告和《国务院关于加强市县政府依法行政的决定》的要求，按照"转变政府职能，提升自治能力，促进法制建设，创新社会管理"的目标，先后开展了"政社互动"课题的实践探索和理论研究。在长达四年的探索中逐渐形成了政府与自治组织之间"一

---

① 郁彩虹. 无锡基层社会治理机制创新研究 [J]. 经济研究导刊，2018（3）：185-187.

张契约、两份清单、双向评估、三社联动"的政社互动模式。

综上，苏南地区政社合作性强，社会组织与政府之间已形成良性互动的关系。这种社会治理方式不仅可以确保社会组织共治能够积极贯彻党和国家的意志，而且贴近苏南地区经济社会发展实际与当地社会风俗，进而提高社会治理水平。苏南地区社会组织参与社会治理的良好态势既打破了苏南地区行政分割壁垒、机制体制障碍，又较好地促进了苏南地区基层社会治理和区域公共服务一体化，极大地提升了苏南地区社会治理水平和治理能力。

三、社会组织参与社会治理专业性强、治理水平高

专业性是社会组织参与社会治理的重要特质，而专业性离不开人才队伍的支撑。社会组织参与社会治理的最大优势是治理人才的专业性。习近平总书记指出："人才是衡量一个国家综合国力的重要指标。"[1] 人才是实现中国式现代化的关键性因素，也是支撑苏南地区社会组织参与社会治理高水平发展的重要原因。习近平总书记指出："坚持营造识才爱才敬才用才的环境，这是做好人才工作的社会条件。"[2] 而营造一个优良的人才创生环境是苏南地区社会组织共治取得成效的主要经验。

苏南地区的南京、苏州、无锡、常州和镇江，是中国现代化程度较高的地区，也是教育水平领先的地区。根据《江苏统计年鉴 2022》及中华人民共和国教育部 2022 年教育统计数据，苏南地区普通高等院校数量为 101 所，占江苏地区高等院校数量 60.5%[3]，占全国高等院校数量 3.66%[4]，属于全国人才高原。苏南地区作为现代化发展的先行区与示范区，积极以自身实践响应人才强国的号召，以自身雄厚的经济实力、灵活的政策支持、广阔的发展

---

① 中共中央文献研究室. 习近平关于科技创新论述摘编 [M]. 北京：中央文献出版社，2016：112.
② 营造识才爱才敬才用才的环境 [N]. 人民日报，2022-09-07 (4).
③ 江苏省统计局，国家统计局江苏调查队. 江苏省统计年鉴 2022 [M]. 北京：中国统计出版社，2023.
④ 高等教育学校（机构）数 [EB/OL]. 教育部政府门户网站，2023-01-17.

前景投身于产学研一体化进程的推进。2022年11月11日，江苏省国际科技交流与合作中心和南京市科技局共同举办了"校地合作产教融合"产学研合作线上对接直播活动和线下四方合作交流活动，探索产教融合新模式，为推动苏南地区高质量发展、搭建产学研合作平台贡献了力量。苏南地区高校技术转化密度较高，呈现出"立体化、多元化、市场化、区域化"的发展格局①。

产学研的深度融合使苏南地区的人才资源高速、高质量转化为治理效能，不仅使科技实力实现点到面的转化，还通过转化效能使社会治理专业水平实现质的飞跃。无锡市梁溪区从2016年起陆续制定了一系列政策指引文件，支持社会组织人才队伍建设。从2016年6月的《无锡市梁溪区社会工作者注册登记和继续教育实施办法》、2016年8月的《关于统一社区工作者薪资待遇的意见》，再到2016年8月《梁溪区社会工作岗位登记评审实施办法》，都旨在留住人才资源、发挥人才优势，培养和打造一支结构合理的、素质优良的社会组织工作队伍，从而提升社会治理的专业性。无锡市梁溪区对社会组织的社会工作者进行分类管理，提高人才培训的针对性，不仅能每月一次对初级社工的专业知识和理论水平进行专业培训，还在每节课后增加随堂测试，提高培训人员的责任意识和危机意识，提升培训效度。常州市社会组织则把社会组织党务工作者纳入党务干部培训体系，通过岗位培训、党课辅导、观摩学习、实践活动等多种形式，培养年龄小、素质高、有活力的社会组织党务工作者，从而全面提升社会组织人才队伍。②

为提高社会组织专业化治理水平，苏南地区社会组织管理部门不断完善制度供给，通过政策安排，保障社会组织人才队伍的专业化建设。针对社会组织数量的不断增加，苏南地区进一步完备社会组织登记、备案制度并完善

---

① 钱敏，芮振. 高校产学研合作现状与发展对策：以江苏省为例 [J]. 中国高校科技，2013（8）：39-42.

② 陈伯平，王玉伟，修杨. 常州市钟楼区以创新思维探路社会组织党建工作 [J]. 中国社会组织，2018（18）：14-15.

社会组织运行机制，成为社会组织发展的"稳定剂"。例如，南京市在创新社区民间组织登记方面，主要是通过降低门槛，实行"三简、四免、五宽、六许"制度①。在备案管理方面，2006 年南京市出台《南京市基层民间组织备案管理暂行办法》，全面推行社区民间组织备案制度，即"两级登记、两级备案"的管理体制。授权社区居委会或其他具备条件的组织作为社区民间组织的业务主管单位，在街道备案，并由街道负责日常管理工作。南京市自 2012 年 7 月发布《关于社会组织登记制度改革的实施意见（试行）》，对社会组织登记管理制度进行五方面的改革后，一大批草根组织纷纷获得了合法身份，登记注册的数量是往年一倍②。2008 年，南京市推行社区社会组织登记、备案双轨制创新，当年备案社区社会组织超过 8000 家，被民政部评为"2008 年社会组织十件大事"，入围首届"中国地方政府创新奖"。南京市也注重对社会组织参与基层社会治理的规范引导，出台《关于进一步整治社会组织乱摊派行为的专项行动方案》等系列文件，防止出现无序参与甚至违规违法行为。从总体上来看，苏南地区积极响应在"党委领导、政府主导、社会协同、公众参与、法制保障"的社会治理体制下的社会组织治理创新，不断完善社会组织登记、备案制度，为社会组织扫清体制机制障碍。

　　与中西部地区相比，苏南地区社会组织参与社会治理的内在机理有着自身的特殊性和规律性。实证研究发现，中西部社会组织由于经济发展受限，其社会组织与政府之间普遍存在依附性、依赖性过强，缺乏主观能动性。大多数社会组织渴望政府"包办一切"进行公众资源分配，而政府对社会组织的服务管理也偏重行政干预，社会组织独立性不强且备受诟病。此外，社会组织工作者队伍整体素质的高低也直接影响到协同治理的水平和质量。绝大多数社会组织开展活动需要各级组织的推动，并按照行政要求介入社区，缺

---

① 赵军，符信新. 南京市社区社会组织管理工作的"五个创新" [J]. 社团管理研究，2009（1）：36-38.
② 孙华. 从弱权到增权：社会组织能力建设研究：以南京社会组织发展为例 [J]. 今日中国论坛，2013（21）：459-460.

乏社会组织工作的手段和动能，不能适应当前社区治理的发展需要，自我造血能力薄弱。与此相反，苏南地区并不回避这些弊端，而是积极引导社会组织发挥"造血"功能，将社会组织的责任交给社会组织自己，进一步简政放权，减少社会组织行政功能，保障社会组织的独立性与自主性，从而让社会组织健康成长，继而有效提升社会组织参与社会治理的专业化水平。

第二节　项目导向：孵化培育社会组织

"十四五"规划关于实施"培育发展社区社会组织专项行动"明确指出："积极引导地方把人、才、物以及政策等资源用于社会组织建设，特别是要引导社区社会组织参与社区治理，提供服务、培育社区文化、开展协商、化解社区矛盾。"① 党的十八大、十八届三中全会、四中全会也相继就社会组织如何在社会治理中发挥好协同作用提出了明确要求。随着中国式现代化的持续推进，引导和规范社会组织参与基层社会治理已成为当今中国社会发展和社会组织建设的重要课题。

如何培育和孵化社会组织，使其提供更专业、更具针对性的公共服务是苏南地区基层社会治理工作重点。回顾新中国成立后的社会组织培育，大致可以分为四种培育模式：枢纽型社会组织的培育发展模式、事业单位改制而成的社会组织培育发展模式、直接登记的四类社会组织的培育发展模式，以及社会组织融合平台的培育发展模式②。通过实地考察不难发现，苏南地区社会组织的发展壮大离不开政府的全方位领导，没有政府的政策支持、项目扶持，社会组织则会如无本之木、无源之水般无法生存。同时，社会组织的

---

① 国家及各地区国民经济和社会发展第十四个五年规划和 2035 年远景目标纲要 [J]. 中国信息界，2022（5）：110.

② 王向民，李小艺，肖越. 当前中国的社会组织培育发展研究：从结构分析到过程互动 [J]. 华东师范大学学报（哲学社会科学版），2018，50（6）：108-120.

培育和发展与苏南地区的本土特色和传统文化密切相关。苏南地区社会组织参与社会治理取得的一系列成就正是基于当地特色而展开。

一、积极培育公益服务社会组织

《词源》释义："公益"指的是公共利益，与个体存在的私益和私利相反。公益事业是指通过社会形式、抑或是非政府形式，给予社会弱势群体的帮助活动，存在社会性特征，多属于人道救助范畴。① 进入新时代，党和国家将公益事业摆在更为关键、突出的地位，不仅"鼓励支持社会力量兴办公益事业"②，而且在社会公益事业中"发挥群团组织和社会组织在社会治理中的作用"③，助推我国公益事业的创新改革。可见，公益性社会组织参与社会治理"对于发展社会主义民主和维护国家的长治久安有着深远的意义"④。

民政部在 2011 年放开了公益慈善类、社会福利类、社会服务类三类社会组织的注册，这三类社会组织目前可以直接登记注册。学界普遍认为社会组织是一种非营利性组织，其中公益性是社会组织的自然属性和价值追求，而公益组织是社会组织的重要组成部分。因此，社会组织涉及不同类型的公益慈善组织，公益组织是整合各类资源，有针对性分配服务资源的主要平台和渠道。苏南地区考察发现，随着社会组织自主性不断增强，有效的社会组织资源与无限扩大的社会组织数量之间的矛盾也日益凸显。有的公益性社会组织为了争夺有限的社会资源而竞争激烈，灰色地带隐隐浮现。也就是说，如何使社会组织回归公益性价值取向，创新自身服务方式，是各地政府在创新社会组织工作的重要课题。王名教授认为公益社会组织是指"在政府与企业

---

① 彭柏林，卢先明，李彬，等. 当代中国公益伦理 [M]. 北京：人民出版社，2010：25-27.
② 中共中央关于坚持和完善中国特色社会主义制度 推进国家治理体系和治理能力现代化若干重大问题的决定 [N]. 人民日报，2019-11-06 (1).
③ 中共中央关于制定国民经济和社会发展第十四个五年规划和二〇三五年远景目标的建议 [N]. 人民日报，2020-11-04 (1).
④ 俞可平. 社会自治与社会治理现代化 [J]. 社会政策研究，2016 (1)：73-76.

之外，向社会某个领域提供社会服务，并具有公益性、非营利性、自治性、志愿性等特点的组织机构"①。根据组织受益面大小和社会受益程度，学界将其划分为公益性社会组织和互益性社会组织两大类。调研发现，社会公益组织的自我发展和能力建设对于其发展壮大是至关重要的，也是苏南地区在公益服务类社会组织培养的优势。

南京公益服务类社会组织近年来发展迅速，规模和发展质量走在了全国前列。调研发现，近年来，南京市多举措、大投入，鼓励社会组织从事公益慈善事业，扶持社会养老、慈善助残、调解治理、专项综合等各类社会公益服务项目，大量公益服务类社会组织从基层"破土而出"。积极培育公益服务组织，不仅满足了不同慈善受众的公益需求，还为营造城市的公益氛围和公益文化，为慈善公益组织长久持续发展提供了良好的社会氛围。例如，鼓楼区在 2011 年设立了 50 万元作为社区社会组织发展专项资金，以项目招标、以奖代补等一系列形式，重点扶持涉及"扶老、助残、救孤、济困"等社区民生服务的公益性社会组织②。2019 年 4 月，南京市政府发布《南京市社会组织参与脱贫攻坚倡议书》，从凝聚共识、发挥优势、创新模式等角度，倡导各类社会组织通过多种形式助力脱贫攻坚。同时，近年来南京市民政局充分利用本土社会组织优势，动员行业协会商会、公益创投协会、慈善总会等各类社会组织，深度对接参与到产业扶贫、教育扶贫、健康扶贫、志愿扶贫等领域，初步形成了全面系统的扶贫工作格局。公益性社会组织覆盖脱贫攻坚的各个领域，并且具体实施举措细化到每一个项目、每一个环节，切实做到精准化对接、精细化管理，确保社会组织参与脱贫攻坚不走样、不走偏③。另外，无锡市新区江溪街道乐仁乐助公益组织则通过企业的资助、逐步改善辖区内贫困青少年的成长教育，为解决现实问题及时提供治理对策。

---

① 王名. 社会组织概论 [M]. 北京：中国社会出版社，2010：19.
② 陈华，郝继明，马建珍，等. 社会组织参与社会管理和服务研究：南京的探索和实践 [J]. 中共南京市委党校学报，2012（5）：52-58.
③ 汪晓栋. 南京社会组织：融入大局积极参与脱贫攻坚 [J]. 中国民政，2019（17）：34-35.

再如，近些年，苏州开始推行"社区服务社会化"项目，专业社会组织参与社区治理进入"深层化"状态。"社区服务社会化"项目要求专业社会组织需有若干固定人员入驻社区。在街道层面，提供"4+X"服务（4 为专业化服务、搭建"三社联动"实体化平台、提升社区工作者专业能力、探索建立社区公益金，X 为自选）。在社区层面，提供"3+X"服务（3 为社区需求调查与分析、促进社区互动与居民参与、提升社区组织化程度，X 为自选）。"社区服务社会化"项目进一步使专业社会组织在苏州市社区治理中"大显身手"，在解决社区问题、协调社区矛盾、维护社会秩序、满足居民需求方面，发挥着重要作用。

质言之，苏南地区积极培育公益服务社会组织，旨在充分利用公益服务社会组织在基层治理中的特殊地位，通过合情、合理的方式化解基层矛盾，打造构建"共建共享共治"格局，促进苏南地区区域社会治理现代化。

二、推动社会组织项目化运作

以项目为抓手撬动社会资本参与社会治理是国际社会的成熟做法，西方国家政府在购买社会组织服务和引导社会组织参与政策制定方面有着独到经验。根据数据统计，西方社会公共服务和产品的提供有 36 种类型，均由社会组织承接和供给。① 而我国政府向社会组织购买服务肇始于 20 世纪 80 年代，繁盛于 21 世纪初，成熟于新时代。

20 世纪社会转型以来，我国社会各个领域都发生了深刻社会变革。基层社会治理开始由"单位制"为主、"街居制"为辅向"多元共治"转向。原有"单位制"治理模式下，虽然可以强化国家对社会基层全面掌控和深度渗透，实现政令统一，提高行政效率，但百密一疏，也不可避免地带来基层社

---

① 廖鸿，石国亮，朱晓红 . 国外非营利组织管理创新与启示［M］. 北京：中国言实出版社，2011：73.

会治理出现"管理真空"①。"管理真空"直接导致各种基层社会矛盾"上行"或"隐匿"，最终导致社会治理难度加大。随着全球治理理论与治理实践发展，新的治理之策"多元共治"呼之而出。自 1994 年深圳市开展社会组织购买服务改革试验以来，政府购买服务已经走过了 30 年的发展历程，以项目制为代表的改革取得了成功，政府治理水平和治理效度不断提高。2012 年，民政部和财政部联合发布《关于政府购买社会工作服务的指导意见》，标志着项目制开始得到国家层面的认可。2013 年，国务院办公厅发布的《关于政府向社会力量购买服务的指导意见》将服务承接主体扩大到社会力量，成为目前政府购买服务的最高制度安排。近年来，社会治理理论的引入，更是让我国社会组织项目化运作进入了快速发展阶段。

简言之，项目制是一种以财政专项转移为中心的管理机制。近年来，学者们将其提炼为一种国家治理的基本方式或主要机制②。项目制运作方式不同于常规科层制中的目标责任与专项任务，具有较大的不稳定性与间断性。项目化治理已是现代中国较为流行的一种治理形式，流行于社会治理各个领域。从项目制演变的历史不难发现，项目制是对常规制的突破：项目制告别常规制后期暴露出"上有政策、下有对策"的局限性，通过社会组织"内卷化"为社会提供性价比更高、服务性更强的公共服务。而社会组织参与社会治理的项目化运营较好地满足了居民的利益和需求，并推动了基层社会的有效治理，使国家和地方政府能够从繁杂的地方基层公共性事务中脱身而出，推动政府职能转型。当前，社会组织以项目制购买服务参与社会治理已成为社会治理的主流模式。经济发达地区在购买社会组织服务方面进行了积极而有益的探索，形成了一系列特色鲜明的地方模式③。

---

① 舒晓虎，张婷婷，张文静. 行政与自治的衔接：对我国城市基层治理模式的探讨 [J]. 学习与实践，2013（2）：52.

② 渠敬东. 项目制：一种新的国家治理体制 [J]. 中国社会科学，2012（5）：113-130.

③ 彭少峰，杨君. 政府购买社会服务新型模式：核心理念与策略选择：基于上海的实践反思 [J]. 社会主义研究，2016（1）：91.

例如，南京市江宁区政府于 2014 年通过购买服务的方式引进南京红叶社会工作服务社入驻江宁汤山益乐家园服务中心，并由红叶社会工作服务社负责中心日常的运营和管理①。2016 年 4 月，苏州市政府出台《关于全面推进社区服务社会化试点方案》，开始尝试向专业社工机构购买服务，面向全国社工机构公开招标，利用社会力量参与社会治理。再如，苏州市人力资源和社会保障局为大力实施职业技能提升行动，积极探索开展项目制培训，助力打响"苏州制造"和"江南文化"品牌。2021 年 5 月 25 日印发《苏州市项目制培训实施细则（试行）》，不断促进项目制落地生根和开花结果。总的来看，当前我国社会组织发展的基本模式主要是通过承接政府项目，进行项目化运作。同时，政府将部分"社会职能"转移给社会组织，以项目形式为社会组织参与社会治理提供财政资金支持。可见，苏南地区根据制度环境和历史条件推进项目化模式，创新社会组织参与社会治理机制，为苏南地区社会组织参与社会治理提供了更广阔的发展空间。

三、构建关爱服务体系

马克思主义认为，人的发展是社会发展的核心和目的，离开了人的发展，社会的发展则失去其存在的依据和价值。调研发现，苏南地区社会治理坚持"以人民为中心"的指导思想，积极为社会组织参与社会治理提供发展空间并创造条件。事实上，"以人民为中心"始终牢固贯彻在中国共产党发展的百年奋斗历程中。从"发展为了人民"到"发展依靠人民"再到"发展成果由人民共享"，中国共产党始终将人民利益摆在至高无上的地位。而在基层社会治理中，农村留守人员是社会关爱的重点和特殊群体。党的十八届五中全会上，习近平总书记强调，党和国家要始终"坚持以人民为中心的发展思想"，增进民生福祉实现共同富裕对我国经济发展具有重要意义。习近平总书记指出："完善城乡居民基本养老保险制度和基本医疗保险、大病

① 郝炫如，陈思誉，曹刘香. 社会组织参与社区服务的调查研究：以南京汤山街道为例 [J]. 江苏科技信息，2018（11）：69-71.

保险制度，完善最低生活保障制度，完善农村留守儿童、妇女、老年人关爱服务体系"①。2019年"中央一号"文件要求"完善农村留守儿童和妇女、老年人关爱服务体系"，关爱服务体系建设是实现乡村振兴的重要一环。2018年《中国农村留守老人研究报告》显示，符合现居户籍地所属村、子女外出务工时长累计达6个月及以上、无赡养人或赡养人无赡养能力的60岁以上老人被定义为农村留守老人，规模达1600万人②。同时，留守儿童是伴随着国家经济社会持续发展、城镇化进程的不断推进以及农村劳动力转移而出现的特殊群体③，更是一种"制度性产物"④。换言之，留守儿童亦是经济转型、社会制度转变的"牺牲品"，承担着本不应加在他们身上的"生命之沉重"。在构建留守儿童关爱服务体系上，国务院相关部门相继出台了《关于加强农村留守儿童关爱保护工作的意见》《关于进一步健全农村留守儿童和困境儿童关爱服务体系的意见》等政策文件。可见，"三留守"关爱服务体系构建是一个"由不完善到完善，由简单到复杂，由低级到高级的发展过程"⑤。

苏南地区结合自身实践，积极培育社会组织参与社会弱势群体关爱工作，构筑了完善的关爱服务体系。例如，江苏省昆山市先后出台了《昆山市未成年人保护三年行动实施方案》《昆山市突发困境未成年人联动保护实施办法》《昆山市未成年人保护委员会成员单位职责清单》和《昆山市未成年人保护委员会协调会议制度》等文件，精准聚焦识别7大类84小类困境儿童，统筹各类资源，帮助未成年人积极健康成长；2023年5月21日，南京

---

① 习近平在参加十三届全国人大二次会议河南代表团审议时强调：扛稳粮食安全重任 扎实做好"三农"工作［J］. 资源导刊，2019（3）：6.

② 留守老人是公益领域的边缘性议题［EB/OL］. 公益中国网，2018-12-14.

③ 张静. 增权理论视角下留守儿童多维关爱服务体系的构建［J］. 教育理论与实践，2023，43（10）：30-34.

④ 张学浪. 创新社会治理体制下的农村留守儿童关爱服务体系构建［J］. 农村经济，2018（2）：99-104.

⑤ 邹学荣. 创新：思想政治教育学学科建设的灵魂［J］. 思想教育研究，2002（11）：13-15.

市栖霞区残联以二十大精神为指引，在全市率先推出《栖霞区残疾人工作中国式现代化评价指标体系（试行）》，创新服务机制努力保障残疾人基本民生、促进残疾人全面发展，用实践回应了第 33 次"全国助残日"的主题"完善残疾人社会保障制度和关爱服务体系，促进残疾人事业全面发展"①。由此可见，苏南地区的社会组织在慈善事业与社会工作方面取得良好成绩，社会公众的慈善意识也被逐渐唤醒，多种慈善组织发展规模迅速扩大。关爱服务体系的健全，不仅提高了苏南地区凝聚社会公众力量的能力，还激发了苏南地区社会组织的活力，为后续关爱服务体系的创新注入新的活力。

第三节　模式创新：社会组织多元化参与策略

如何发挥社会组织功能，提高基层社会治理效度，一直是社会组织参与社会治理面临的主要难题。在此背景下，苏南地区不断创新社会治理模式，实施社会组织参与的多元化策略。

一、参与领域多元化

"共建共治共享是我国的根本社会治理制度"②。社会治理是国家治理体系和治理能力的重要内容，社会治理效能是国家制度和治理能力的集中体现。新中国成立以来，中国共产党带领人民群众参与社会治理的方式经历了"社会管控"到"社会管理"再到"社会治理"三个阶段。从管理到治理虽然仅有一字之差，但是背后折射出的却是"系统治理、依法治理、源头治

---

① 栖霞构筑关爱服务体系 奋力谱写残疾人事业全面发展新篇章［EB/OL］. 南京市栖霞区人民政府，2023-05-22.
② 《中共中央关于坚持和完善中国特色社会主义制度、推进国家治理体系和治理能力现代化若干重大问题的决定》辅导读本［M］. 北京：人民出版社，2019：176.

理、综合施策"①。

近年来，苏南地区社会组织参与社会治理领域日趋多元。南京市社会组织以项目制形式走进社会生活，在养老服务、托残服务、青少年服务、家庭和心理咨询服务、纠纷调解和法律咨询服务等领域为居民提供服务，对提升社区治理品质发挥了重要作用②。南京市社会组织在培育社会组织现代化发展的同时，也注重和经济发展状况、民生诉求相结合。近年来陆续出台养老、儿童、调解等专业的社会组织服务，相继建立了门类齐全、覆盖广泛的社会治理体系。在脱贫攻坚领域，南京市政府积极将项目制贯彻到社会生活各个领域，秉持以人民为中心的治理思维，在民生、住房、医疗、教育及就业等方面鼓励社会组织积极参与、多元参与取得了较好的治理效果。尤其是部分地区通过项目招标、合同管理、效果评估等方式拓展了社会组织参与社会治理的区域和范围，提升了社会组织参与基层社会治理的能力和水平。无锡市梁溪区政府对社会组织进行精细化划分，采用国际通用的丝带标识分别为社会组织的类别。红橙黄绿青蓝紫七种彩色丝带分别为艾滋感染者、贫困无助和流浪乞讨者、外来流动人员、闲散青少年、社区矫治对象、精神残障者、婚姻危机人群和孤寡独居老人。将社会组织细分为老年服务、青少年服务、智障康复、社区矫正等多个领域，并且提供对应的帮扶。通过对项目进行分类管理实现了对社会组织及服务机构的针对性技术指导和业务领导，进而对未涉及的领域及时进行补充完善，及时关注不同群体的个性化需求，使社会组织参与社会治理的效能得到极大提升。

二、治理模式多元化

"共建共治共享"是我国社会治理的基本模式，这一制度属性也就决定

---

① 中共中央文献研究室. 习近平关于社会主义社会建设论述摘编［M］. 北京：中央文献出版社，2017：127.

② 史锦平. 充分发挥社会组织协同社区治理作用：对南京社会组织的调查［J］. 唯实，2015（3）：64-67.

了社会组织参与社会治理是中国治理体系和治理能力现代化的重要举措。在这里，多元主体强调的是党委、政府、社会力量、公众等多种力量对社会治理的提升作用。社会组织作为社会治理的有利资源，也是多元社会治理的主体之一。在实质上，"共建共治共享"或多元治理就是社会基层治理"群防群治"。"群防群治"是群众（人民）自防自治的简称。"群防群治"最早源于历史上镇反肃清反运动中的治安保卫委员会和社会主义思想教育运动中诞生的"枫桥经验"。概念的正式提出最早可追溯到1994年中治委等联合发布《关于加强新形势下农村治保会工作的意见》（以下简称《意见》）。《意见》中的"群防群治"指群众在各级政府和专门机关的领导指挥下自发组织对违法犯罪活动开展提前预防和治理，并维护所在辖区治安环境的一种活动，是社会治理工作的一项重要补充。新中国成立初期，"群防群治"多被定义为一种组织形式，即组织人民预防和治理违法犯罪的行为。而步入21世纪后，"群防群治"开始成为一种工作机制，是指在党委领导下、在政府相关部门指导之下的社会治理形式。

进入新时代，随着城市化程度的提高以及社会转型步伐的加快，城乡结构、人口结构、经济结构发生巨大转变，日新月异的新兴技术带给人们诸多便捷、性价比高的服务，同时社会矛盾新旧交替，也引发了一系列社会治理危机。在此背景下，"群防群治"模式的迭代更新以及"枫桥经验"创造性转化、创新性发展呼之欲出。南京市建邺区作为每年均要承担"12·13国家公祭仪式"等国家和省、市大型要事安保维稳任务的属地保障区，牢牢把握推进社会治理体系和治理能力现代化的要求，坚持"以人民为中心"的发展思想，积极探索"互联网+群防群治"智能化、"建邺平安联盟"，构建"群众广泛参与、专群深度融合、全域精准巡防、全面增质提效"的新时代群防群治"建邺新样板"。① 作为国家级"南京江北新区"核心区域的南京市浦口区，按照"联勤联动、群防群治、自助互助、共建共享"理念，积极探索

---

① 南京建邺：精准打造智能化"平安联盟"探索新时代群防群治新样板［EB/OL］.平安建邺，2022-08-26.

构建社会治理"大联勤"工作模式，实现了社会治理从"处置问题"向"发现问题"、从"事后执法"向"前端管理"、从"应急处置"向"常态治理"的转变，提高了群众的幸福感、满意度。①

江苏省苏州市高新区公安分局枫桥派出所创新传承"枫桥经验"，吸纳社会力量参与基层治理，探索社会治理主体多元化模式。派出所以社区网格为单位，发动市民加入志愿服务联盟，参与安全防范宣传、安全隐患排查、小区治安巡逻、安防设施守护和疫情防控等群防群治，成为社会治理的亮丽"风景"。② 无锡也开启群防群治，构筑社区安全防线，坚持"安全第一，预防为主，综合治理"是做好社区安全工作的重要方针。为进一步保障社区公共安全、提高居民安全意识，无锡市新吴区新安街道新安花苑第一社区开展"群防群治，构筑社区安全防线"行动。③ 打造"警企银政"联盟，成立嘉安义警队伍，推动商户农户、快递外卖、保安物业等群体积极加入，有效构建"群防群治"新格局。江苏省常州市武进区嘉泽镇立足"花木之乡"地方特色，以基层善治夯实基层治理基础。义警队伍采取线上线下领取任务、获取奖励、视频培训等方式，积极参与信息采集、治安巡逻、反诈宣传、应急救援等活动。④ 苏南地区积极创建"群防群治"新模式，充分发挥社会组织等主体在社会治理中的重要作用，对加强区域社会治理，提高社会治理水平，促进社会和谐有着极其重要的意义。

三、参与方式多元化

社会组织参与基层社会治理是"共建共治共享"社会治理格局的题中应有之义和基本实现方式。中共中央办公厅、国务院办公厅印发的《关于改革社会组织管理制度促进社会组织健康有序发展的意见》指出，进一步发挥社

① 推动"联勤联动"实现"群防群治"［EB/OL］. 人民网，2018-08-27.
② 苏州枫桥："警+N"打造群防群治新机制［EB/OL］. 新华网，2022-11-29.
③ 无锡新安：群防群治，构筑社区安全防线［EB/OL］. 中国江苏网，2022-11-04.
④ 长安实践｜执好善治之笔 答好基层治理答卷［EB/OL］. 搜狐网，2023-05-29.

会组织在促进经济发展、管理社会事务、提供公共服务中的作用，使之成为推动经济发展的重要力量、社会建设的重要主体。"十四五"规划进一步指出要推动社会组织服务大局意识的建立，引导和支持各级各类社会组织发挥自身优势，量力而行、尽力而为，助力解决经济社会发展现实问题和人民群众急难愁盼问题。① 这就要求社会组织之间必须跨界协同发展，实现各方面资源优势互补，提高社会组织参与社会治理的能力和效率，做到"1+1>2"的整体效果。

社会治理是一个系统工程，其治理需要各个领域社会组织相互协调、环环相扣，尤其在与人民息息相关的民生工程里，不同社会组织之间的合作、互补直接影响到社会治理的成效以及人民的幸福感、满意度。每个社会组织虽然都是独立个体，但是如果故步自封、因循守旧，则会严重影响社会组织的发展和治理效度。因此，加强社会组织之间的沟通交流，促进社会组织之间相互学习、活动交往，将多种多样的社会组织联合到一起，形成社会组织之间的"联盟"，为形成"互惠、共赢"的优势互补格局创造良好局面。党的十八大以来，政府向社会组织购买服务已经成为政府管理社会组织的优先选择，在项目导向型的公共服务背景下，政府与社会组织之间是一种"合作伙伴关系"② 和"契约型信任关系"。已有研究表明且实践也正在证明，不同社会组织获得的资金支持、活动场域、参与程度以及硬件投入和群众基础等都各有自身特点。为此，只有把不同社会组织的公共资源充分结合，方能发挥不同社会组织的互补作用，推进社会组织参与治理的效率。换言之，政府一方面应为社会组织之间的合作提供行为规范和制度供给，充当社会组织的"服务者"；另一方面，社会组织应自愿、自主地接受合作，建立优势互补机制，实现社会组织之间的优势互补。苏南地区社会组织在社会治理中充

---

① 中共中央关于制定国民经济和社会发展第十四个五年规划和二〇三五年远景目标的建议 [N]. 人民日报，2020-11-04 (1).
② 达霖·格里姆赛，莫文·K. 刘易斯. 公私合作伙伴关系：基础设施供给和项目融资的全球革命 [M]. 济邦咨询公司，译. 北京：中国人民大学出版社，2008：10-15.

分发挥各自特点，强强联合、优势互补，实现参与方式的多元化。例如，无锡市滨湖社区为了解决政府公共资源分散的问题，滨湖区民政局和区残联密切沟通，形成了"统一创投平台、部门分工协作、各方共同参与"的协作模式，强化部门协作，通过联合发放通知，共同召开创投项目申报说明会等方式，让分散的社会组织实现优势互补；[①] 再如，南京市建邺区沙洲街道社工站秉持学习先进社区综合体运营模式、借鉴优秀社区治理经验的目的，与板桥街道、殷富社区、水园社区居家养老服务点展开积极交流、相互沟通。社会组织在这一过程中，彼此借鉴和交流互补，创新"一区一品"项目品牌，提升社会组织参与社会治理的专业化水平。[②]

第四节　精神激励：激发社会组织内生动力

《社会工作专业人才队伍建设中长期规划（2011—2020 年）》明确提出"以激发社会工作专业人才积极性、稳定人才队伍、充分实现人才价值为目标，综合运用物质激励和精神激励方式，建立健全有利于社会工作专业人才长期、安心扎根基层、服务一线的激励保障政策"的目标要求。社会组织是社会主义现代化建设的重要力量，高质量的社会组织则是社会治理高效率的保障。党的十九届三中全会明确提出"推进社会组织改革""激发群团组织和社会组织活力"，"十四五"规划纲要更是提出"发挥群团组织和社会组织在社会治理中的作用"。苏南地区从以往单一的物质激励或精神激励转化为多层次的激励机制，构建精神与物质相结合的激励体系，从评选优秀典型案例与年度表彰入手，完善社会组织参与社会治理的激励体系。

---

① 唐辉. 江苏无锡滨湖区：三大举措助推公益创投精准化 [J]. 社会福利，2018（3）：61.

② 善借他山之石 巧琢己身之玉：南京沙洲街道社会组织社会工作者外出参访活动 [EB/OL]. 新华网江苏频道，2023-05-20.

一、案例示范

党的二十大报告提出，健全"共建共治共享"的社会治理制度，提升社会治理效能。然而，对于很多社会组织而言，如何有效参与社会治理，把政府政策落实整理并非"轻车熟路"，甚至一些社会组织参与社会治理是"摸着石头过河"。因此开展评选优秀典型案例可以让这些处于"观望""摸着石头过河"状态的社会组织向"先行者"学习，为自身的社会治理提供借鉴。此外，及时总结、推广社会组织优秀案例，充分发挥标杆引领作用，可以加强公众对社会组织的认知了解，塑造优秀案例，为后续社会组织工作的落实推进提供遵循。苏南地区积极发挥社会组织优秀案例辐射作用，定期、定时评选优秀案例典型，用一个个优秀案例指引社会组织的发展，做好"以点带面"建设工作，促进社会组织健康全面发展。

为提升社会工作者实务能力和研究水平，南京市民政局开展南京市优秀社会工作案例及项目评选工作。栖霞区"掌上云社区"治理与服务标准化试点被确定为全省民政标准化建设试点类项目。"掌上云社区"先后荣获江苏省现代民政建设优秀成果、首届"长三角城市治理最佳实践案例"、首届"中国城市治理创新奖"优胜奖；入选上海交通大学中国城市治理研究院和上海交通大学国际与公共事务学院优秀教学案例；入选由中国经济体制改革杂志社出版的《中国改革年鉴：地方全面深化改革典型案例》等。"掌上云社区"的典型经验在石家庄桥西区、内蒙古赤峰市成功复制推广。① 为更好地指导各地开展"城市一刻钟便民生活圈示范社区"建设，无锡市推出工作指引从而具象与量化了"一刻钟便民生活圈"的硬核指标与"模样"，不出"圈"的便捷生活有谱了。首批"城市一刻钟便民生活圈示范社区"通过评审，无锡市共有 16 个社区上榜。为了让社区居民能了解社区业态与服务内容，工作指引还要求在社区内党群服务中心、小区物业服务中心、小区主要

---

① 栖霞"掌上云社区"再获奖［EB/OL］. 栖霞区人民政府，2021-04-22.

出入口、商家联盟商户等场所设置统一风格的便民生活圈导视图。据悉，无锡市将引导各类商业资源向社区下沉集聚，让优质商品和便民服务走到居民身边。① 为进一步破解治理难题、补齐治理短板、打造典型亮点、树立工作品牌，充分发挥先进典型示范引领作用，积极探索和梳理可复制推广的社区治理实践案例，苏州市工业园区斜塘街道开展 2021 年度社区治理案例评选活动。斜塘街道还将 19 个优秀案例汇编成集，以便推广宣传和相互学习借鉴、取长补短，努力推进自身的工作开展。斜塘街道着眼发展大局，践行"以人民为中心"的发展理念，紧扣"人"的需求，聚焦群众"急难愁盼"，积极探索出了党建引领下的社会治理新路径，打造互融共享的社区治理新范式，创建了"和·融"社区治理品牌，为群众提供精准服务和管理，丰富了基层治理的实践内涵。以上优秀案例评选活动，充分展示了斜塘街道近年来基层社会治理的丰富实践、创新经验和阶段性成果，也为之后建设"人人有责、人人尽责、人人享有"的互融共享的社会治理共同体提供了宝贵经验。②

另外，2018 年 4 月，南京市民政局制定出台《关于进一步加强社会组织党建工作的实施办法》，将引导社会组织参与脱贫攻坚作为全市社会组织党建工作重点，列入社会组织党建工作考核激励机制，作为评价社会组织党组织和党员作用发挥的重要指标。对于表现突出的，实行承接购买服务优先、推荐代表典型优先、培养培育优先的"三优先"。③ 同时，苏南地区的政府部门强化宣传，扩大社会组织参与社会治理的重要性和价值性。各地区通过报纸媒体、网络宣传、故事宣讲等方式，不断扩大优秀典型案例的宣传力度，不断提高社会组织的知名程度。

---

① 无锡 16 个社区上榜一刻钟便民生活圈示范社区 未来 5 年内建设 80 个 [EB/OL]. 无锡新传媒网，2023-05-17.

② 斜塘街道开展 2021 年度社区治理案例评选活动 [EB/OL]. 苏州工业园区管理委员会，2011-11-05.

③ 汪晓栋. 融入大局 发挥作用 积极参与脱贫攻坚：南京社会组织在行动 [J]. 中国社会组织，2019 (20)：12-13.

二、奖励表彰

奖励表彰制度是指对在生产劳动或工作中做出优异成绩的劳动者给予奖励的制度，奖励包括精神奖励和物质奖励。对优秀社会组织进行表彰既是对他们社会组织工作的认可，又是对他们进一步努力维持、发展、创新社会组织的鼓励。鼓励先进社会组织，可以勉励、激励后进社会组织，全面提升社会组织参与社会治理的能力和水平。

苏南地区积极响应党中央关于推进、培育社会组织工作的号召，发挥年度表彰的激励、勉励作用，树立优秀社会组织榜样，鼓励、引导社会组织积极参与社会治理和公共服务，进而营造社会组织参与社会治理的良好氛围。无锡市民政局为弘扬奉献爱心、善举济世的慈善精神，激发全民向善、人人为善的昂扬热情，开展了第一届"无锡慈善奖"评选活动。其中，围绕《中华人民共和国慈善法》规定的慈善范围从依法登记或认定为慈善组织的社会组织中选举出"最具影响力慈善组织"，推动无锡地区慈善事业迈上新台阶。① 苏州市积极组织百家优秀社会组织推选活动，在市或市（区）民政部门登记满 5 年（含）的社会团体、社会服务机构（民办非企业单位）和基金会中按照公开、公正、公平的原则选举出百家优秀社会组织，进一步推动了全市社会组织充分发挥服务国家、服务社会、服务群众、服务行业的能力，推动全市社会组织高质量发展。常州市民政局和社会组织管理部门根据本市实际情况，从精神层面奖励表彰优秀社会组织。"常州慈善奖"是常州市慈善事业领域的政府最高奖项，是推动常州市慈善事业发展的重要措施。该奖从依法登记和认定慈善组织满两年的社会组织进行评选，充分发挥了慈善事业在构建和谐社会中的积极作用，发挥先进典型的示范作用。②

---

① 市政府关于公布第一届"无锡慈善奖"获奖名单的决定［EB/OL］. 无锡市人民政府，2023-03-14.
② 关于组织开展第二届"常州慈善奖"评选活动的通知［EB/OL］. 常州市人民政府，2023-05-12.

第四章

案例分析：苏南社会组织参与社会治理的现实困境

本章选取苏、锡、常三市社会组织参与社会共治的典型案例，以此探讨苏南地区社会组织共治的内生逻辑、发生机制、参与动力和行动策略，研究和分析经济发达地区社会组织共治的"特殊矛盾"和"特殊规律"。

第一节　典型案例

党的二十大作出"加强新社会组织党的建设"的重要决策部署，进一步明确了社会组织在协商民主、社会治理等方面的重要作用，赋予了社会组织新的使命和职能，为社会组织参与经济社会建设开辟了更加广阔的空间。社会组织在提供专业服务、促进社会整合、引导居民自治方面有着自身的特色和优势，是推动国家治理与社会共治的重要主体。江苏省民政厅于2023年2月10日发布的《2023年全省民政工作要求》（以下简称《要求》）强调，积极引导社会组织健康有序发展，充分发挥社会组织作用。此外，《要求》还强调进一步加强社区社会组织培育发展，扎实开展各类主题实践活动，支持社区社会组织积极提供扶老、助残、救孤、济困等基本社会服务，支持社会组织带动有意愿、有能力的企业和个人参与公益慈善事业。截至2023年11月，江苏省共注册登记了7.7万家社会组织，数量稳居全国第一，其中社会团体3万家、社会服务机构4.6万家、基金会810家，备案城乡社区社会组织10.7万家。① 社区综合服务设施实现全覆盖，"五社联动""全科社工""一站式便民服务"等模式在省内广泛推行，形成了覆盖广泛、类型多元、充满活力的社会组织发展格局。广大社会组织勠力同心、各展所长，在推动经济社会发展、促进民生福祉改善、开展慈善公益活动、助力脱贫攻坚、协同社会治理、参与疫情防控等方面做出了重要贡献。

一、互动联动，汇聚治理力量——南京案例

近年来，南京市在社会组织培育、社区治理服务创新等领域一直走在全国前列，多个区（次）被民政部认定为全国社区治理和服务创新实验区，居全国第一。2021年9月发布的《南京市"十四五"民政事业发展规划》强调优化社区服务体系，提出深化"五社联动"机制，鼓励社会资本参与社区服务，整合社区、社会组织、社会工作、社区志愿者和社会慈善等资源，发挥社区基础平台、社区社会组织服务载体和社会工作者专业支撑等作用。截至2022年9月，全市社会组织数量1.3万个，较10年前增长253%。落实社区建设专项资金3300万元，投入资金近1200万元，培育扶持109个市级公益创投项目，惠及群众10万余人。10年来，累计投入资金1.2亿元，孵化支持社区社会组织公益服务项目多达1300余个，有效激活了社区社会组织活力、补充了基层基本公共服务。② 目前，南京市已建立了居民群众提出需求、社区组织开发设计、社会组织竞争承接、社工团队执行实施、相关各方监督评估以及社区志愿者和社会慈善资源主动对接、参与的"五社联动"机制。

---

① 打造"苏社有为"品牌 服务高质量发展——我省社会组织奋力推进中国式现代化江苏新实践 [N]. 新华日报，2023-11-06 (7).
② 南京民政十年成就——社会组织篇 [EB/OL]. "南京民政"公众号，2022-09-26.

（一）江宁区：转变政府职能，让渡治理空间①

江宁面积1561平方千米，下辖10个街道、201个社区，常住人口121万人、流动人口60万人。近年来，江宁区以"街道政府购买社会服务机制创新"为契机，不断转变街道政府职能，让渡街道治理空间，在社会组织参与社会治理机制创新方面做出了有益探索。截至2022年年末，全区共有2000多家社会组织，主要集中在养老、助残、青少年服务、慈善济困等领域，公益服务覆盖全区10个街道、201个城乡社区，受益群众达20余万人次。

江宁区规划建设区、街道、社区三级社会组织支持平台，为社会组织的培育、发展提供丰沃土壤。除了区级社会组织创新发展中心，还建立了10个面积不低于1000平方米的街道社会组织培育发展中心，提供项目扶持、场地支持、业务培训、成果展示等服务功能。同时，区财政每年安排600万元社会组织培育发展专项资金，各街道分别配套200万元，引导鼓励社会组织参与街道和社区管理服务。建构区域发展实际，建立社会工作组织评价和激励机制，定期开展优秀社工机构、案例评选，激发社会组织新活力。此外，为精准对接社区居民需求，江宁区对基层社会治理突出问题和群众生产生活需求进行深入调查、科学分类、细致梳理，分人群、分地域编制群众服务需求清单，在此基础上制定完善街道政府购买社会服务的清单，合理界定政府购买服务的范围和项目，为推进街道购买社会服务提供依据和指南。

一是聚焦品牌建设，打造精品项目。江宁区通过一系列的品牌打造，着力构建以公益服务活动、公益文化传播、公益人才培养、公益产品展示等为主要内容的公益创新体系，为社会组织参与社会治理营造良好的社会氛围。

"小江家护"是江宁区社会组织服务品牌化的一个缩影，近年来已先后获得国家发展改革委智能技术服务老年人优秀案例、民政部财政部居家社区养老示范典型、数字江苏建设优秀典型。"小江家护"在动员社会力量方面不断探索和整合各方资源，突破解决传统养老在居家照顾、出行、安全保

---

① 全国街道服务管理创新实验区系列报道：强阵地 建机制 树品牌 优服务 ［EB/OL］. 中华人民共和国民政部，2020-12-17.

护、健康管理、精神关爱等五方面的难点，采取"政府监管，企业参与"的模式，借助社会组织专业化服务，为全区 80 岁以上高龄老人、困难家庭老人、重度残疾人、困境儿童等弱势群体购买"助餐、助浴、助洁、助行、助医、康复护理、心理慰藉"等服务。截至 2022 年 10 月，"小江家护"居家上门服务每天工单超过 2000 单，"小江家护"人脸识别银发助餐项目已覆盖全区 9 个街道共 25 个人脸识别助餐点，已注册老人 12 492 人，开展助餐 202 万人次，精准发放财政补贴约 300 万元。此外，江宁区还打造"互联网+慈善超市"公益品牌，面向"小江家护"中政府购买服务的特定对象，依托互联网平台实行"点对点""面对面"精准捐助，全程透明、可追溯。

"益动江宁"是江宁区特色公益服务品牌，2022 年 9 月至 12 月，"益动江宁"品牌项目通过跨区联合举办社会组织优质公益项目交流推介会，促成更多社会组织联动发展，进一步推动江宁区公益品牌项目的塑造与推广。江宁区曾与爱德基金会等知名公益组织联合举办"中国好公益平台优质公益产品路演江宁专场""爱德 A+伙伴能力建设营"等大型公益活动，开展驻区高校大学生求职能力大赛、"创益江宁"专业志愿服务遴选等系列活动，吸引优秀社会组织和优质服务项目落地江宁。"99 公益日"期间，江宁区 11 家社会组织协同打造公众筹款项目，旨在提升社会组织品牌建设意识与自身造血能力。

二是联动多方资源，提供优质服务。东山街道位于南京市江宁区，街道总人口近 45 万，下辖 16 个社区。近年来，东山街道以服务居民群众为落脚点，充分发挥社区、社会组织、驻街单位及居民在基层服务中的作用，整合多方资源，搭建多级平台，建立综合服务队伍，努力实现"共建共治共享"。截至 2020 年年末，东山街道用于政府购买社会服务的财政累计投入资金达1608 万，项目总数 205 个，项目类型涉及养老服务、未保服务、调解治理、慈善助困、专业综合等方面，受益人群 10 万余人次。

2017 年，东山街道上坊社区针对社区老年人长期受到慢性病困扰、健康意识薄弱、消极情绪明显等问题，引入"心苑社会工作服务中心"。"心苑社会工作服务中心"分别为失能、半失能老人和健全老人提供"横纵结合"的健康管理服务。"横向"服务方面，心苑社会工作服务中心链接社工与高校、心理咨询师、医院志愿者等资源，进行综合性干预，提供慢性病知识普及和指导血压、血糖测量等基础服务。同时，招募高校志愿者、社区低龄老年志愿者，在服务中培育一支具有较高专业服务能力的志愿者团队。"纵向"服务方面，"心苑社会工作服务中心"对社区老人进行定期拜访、送爱心餐、举办特色文化娱乐课程等，并提供"嵌入式"义诊、随诊等医疗服务。

三是汇聚公益力量，助力社会治理。秣陵街道地处南京市江宁区中部，有25个社区，近40万人口居住。近年来，为适应街道地域广、人口多的实际，秣陵街道以"汇聚公益力量，助力社会治理"为理念，探索出"政社合作、内培外引、自助互助、共建共享"的社会组织培育发展路径，在为社会组织提供优质服务和综合支持的同时，精准对接居民需求，孵化和培育社区社会组织，提升居民的公益意识和幸福指数。

秣陵街道构建了三级服务平台，秣陵街道社会组织发展中心、三大片区睦邻中心（百家湖片区睦邻中心、东善桥片区睦邻中心、秣陵片区睦邻中心），以及各社区社会组织服务站。其中秣陵街道社会组织发展中心采用"1+n"模式，引进了1家枢纽型社会组织——南京红叶社会工作服务社，由红叶社会工作服务社整合街道内已有社会组织，培育初创型社会组织，引进成熟型社会组织，并通过"引进一批、孵化一批、发展一批"的方式，重点培育和发展n个公益慈善类、社区服务类、行业协会类社会组织。截至2020年年末，街道累计投入社会组织扶持资金1800多万元，购买公益项目178个，孵化培育社会组织119个，组建社区自组织116个，培养核心志愿者650多名，直接受益人数达到74 500人。

（二）建邺区：依托枢纽型社会组织，打造社区治理新高地①

近年来，建邺区从社区入手，紧扣"实验区"主题，结合"社区治理、

---

① 南京：依托枢纽型社会组织，项目化运作"快乐公益"，首创评估指标体系……"建邺方案"，打造"三社联动"工作创新高地［EB/OL］.江苏民政网，2018-12-18.

社区自治、社区服务、社区党建"四大主体内容，在街道社区、居民、社会和政府四个层面进行创新，社区建设走在全市、全省乃至全国的前列。一方面，建邺区通过搭建"1+N"平台，引进枢纽型社会组织，形成社会组织孵化培育各类社会组织的新模式；另一方面，坚持区级政策引导、街道引进培育、社区使用管理的原则，以项目化运作、品牌建设为重点，推动社会组织发展。

一是引入枢纽型社会组织，搭建区、街道、社区三级平台。目前，建邺区已经搭建起区、街道、社区三级枢纽型社会组织平台。2017 年 5 月，建邺区联合清华大学、复旦大学、华中师范大学、南京师范大学等高校专家在全省率先创造性地成立"现代社区研究院"，为建邺区社区治理提供智力支持平台。研究院以一名院长加两名社工为固定人员，十几名高校专家、省市一线民政工作者为研究员，根据课题需要参与研究。已形成的研究成果包括理论类课题如"建邺区民政年度工作白皮书""街道与基层群众性自治组织权力边界研究"等。另外还包括诸如"公益创投项目管理""社会工作者能力提升培训"等实务性课题研究，相关研究成果已经被地方政府采纳转化为政策。

同时，建邺区莫愁湖街道还引入"四月天"社会组织发展中心，作为街道层级的枢纽型社会组织平台——社联会。街道层级的社联会主要承担三方面功能：于街道而言，社联会是桥梁，承接街道需求并向社会组织传递；于社会组织而言，社联会是土壤，梳理辖区内社会组织的基本情况，并负责引进、培育、管理；于社区而言，社联会同时承接社区"一社一品"的工作梳理，为社区品牌建设提供发展方向。在社联会帮助下，莫愁湖街道江东门社区引入居家养老社会组织"尚满天"，以完善其养老资源不足的状况。以社联会为媒介，辖区内社会组织能够得到有序引导、管理，使其对接街道、社区、居民实际需求，并在工作高效开展的同时，为居民提供精准服务。

二是以品牌建设为重点，以项目化运作推动社会组织发展。在"区级政策引导、街道引进培育、社区使用管理"的原则下，建邺区探索举办社会组织成果展示及社区活动，以项目化运作推动社会组织发展。2018年9月，南京市第五届社区暨社会公益服务项目洽谈会举办，通过设置公共项目发布区，提供"零门槛"的自助洽谈服务，为社区、社会组织打造良好的沟通对接平台。同时，建邺区以品牌建设为重点，开展社会组织公益行系列活动，为社会组织提供交流和展示的舞台。建邺区每年投入600万元，开展"快乐公益"四季公益创投服务，实施200多个民生服务项目，包含了为老服务、为小服务、现代社区、志愿服务、帮扶助困、孵化培育等六大类主题，公益创投区级配比率100%，社会组织评估率100%。此外，为激发在校大学生参与建邺区社区建设与治理，建邺区联合现代社区研究院，在南京师范大学、南京财经大学、南京工业大学等10余所高校组织"快乐公益"高校创投大赛，丰富公益创投形式，促使多个大学生公益项目落地莫愁湖街道和兴隆街道。

建设"新丝路"品牌，以"新丝路"社区"社创营"打造社会组织的政府孵化基地。2018年，沙洲街道中城社区"社创营"正式在建邺区民政局注册成立，成为南京市第一家社区层面的社会组织联合会。"社创营"由辖区内20余家社会组织和文体团队组成，依托枢纽型社会组织"恩派""屋里厢"建成，旨在培育、孵化和发展符合社会发展要求、社区治理需求的各类公益性、服务性社会组织。"社创营"以"红色引擎"为发展动力，为社会组织发展提供资金、人力、物力、空间等方面资源，并通过各项培训和交流提升社会组织的项目化运作能力，对社会组织起到了重要的"助力"和"赋能"作用。

（三）浦口区：建立公益营造长效机制，促进多元化发展

南京市益民社会服务中心（以下简称益民）成立于2012年9月，是依托南京师范大学、南京财经大学等高校社会工作专家团队成立的非营利、公益性的专业性社会组织，现为南京市5A级专业社会工作服务机构，也是居家养老联盟与支持型社会组织联盟发起单位之一。益民秉承"关爱、参与、

互助、发展"的价值理念，坚持"以民益民，社会自觉"的使命。①

2021年6月，益民通过社区调研、社区漫步等方式，在金牛湖街道秦窑新苑小区进行社区儿童发展需求摸排，并组织实施儿童友好空间微营造项目，助力提升儿童探索创新的能力，引导儿童带动家庭参与公共服务和社区建设，推进基层社会治理实践和机制创新。益民将以满足儿童、家庭的需求作为儿童友好社区建设的宗旨目标，做到听童声、问童需、聚童智，探索建立儿童议事制度及长效保障机制，将儿童优先的理念真正贯彻于社区建设的各个领域，让儿童成为社区治理中新的行动力量。益民通过引导儿童参与社区议事，推动建立社区网格与物业协同、居民志愿支撑、"友好使者"为主力的公益空间运营长效机制，实现真正意义上的以"一米视角"看社区，倾听儿童的声音，推动儿童参与社区治理。在社区党委的领导下，益民联动多元力量，以小区"微更新"为切入点，发挥"网格+物业+社会工作者"三方联动作用，共同进行公益空间微营造。如今，秦窑新苑小区儿童友好空间已经成为儿童的嬉戏地、学习地，大人的闲谈地，不仅加强了邻里交流，更推动进一步完善"共建共治共享"的基层治理格局。

南京市惠仁社会工作服务中心（以下简称惠仁）是由南京邮电大学、南京师范大学多位社会工作专业教师及优秀毕业生共同组织发起，并于2013年12月经鼓楼区民政局批准成立的社会服务机构。惠仁秉承"以人为本、助人自助"的服务理念，立足南京市经济社会发展和社群的多元需求，为有需求的个人、群体和社区提供专业的社会工作服务，通过专业服务实现社会工作者以生命影响生命的使命。同时，惠仁积极探索南京市本土化社会工作新模式，为社会工作事业发展创造更多鲜活经验，为推动南京市社会工作发展贡献力量，目前已承接省民政厅、南京市等各个部门近60项专业社会服务项

---

① 小喇叭传递大声音——江苏社会组织协同基层治理优秀案例［EB/OL］．"江苏社会组织动态"公众号，2023-03-29.

目和培训督导评估项目。①

2019年12月，由莫愁湖街道文体社区和惠仁联合申报的文体社区"议+益"计划被江苏省民政厅评为"2018年度江苏省优秀社会工作项目三等奖"、被南京市民政局评为"2018年度南京市优秀社会工作项目三等奖"、被建邺区民政局评为"2018年度优秀社会工作项目"。

建邺区莫愁湖街道文体社区位于秦淮河外侧、南湖公园西北侧，地处南湖地区中心地带。辖区内有5个小区、243个单元、3491户，共计10 352人，其中，60岁以上老人所占比例高达37.4%，居民以企业职工、回城"知青"与原地拆迁安置居民为主，是典型的老龄化、低收入、无物业服务的老旧社区。社区的卫生、绿化等完全依赖社区及居民进行自我管理，在诸多社区公共事务中，存在着居民参与有限、了解程度较低等困境。自2016年起，文体社区党委引进惠仁开展专业服务，构建起以社区党委为核心、以社区居委会为主导、以系列社区协商治理项目为抓手的居民自治模式。

惠仁致力于通过项目活跃一批社区居民、发展一批社区领袖、培育一批社区社会组织、改善社区居住环境、提高社区治理水平，具体可分为五个目标。一是搭建协商治理平台，实现居民参与规范化。惠仁将以文体论坛为主要抓手，开辟居民参与协商自治渠道，为实现居民协商自治提供平台保障，以此形成相应的协商治理方案，促进自治成果形成。二是规范议事代表工作，审议社区"微基金"。惠仁将提升社区协商治理议事代表的专业能力，在议事会与议事会管理等方面形成指导办法，为社区"微基金"的科学使用提供制度保障。三是助力培育社会组织，承接社区"微项目"。惠仁将在居民自治团体孵化培育、评优等方面形成一套科学化、规范化、专业化的流程与规章制度，并在社区公共区域环境维护等方面得出可执行方案，以此承接社区"微项目"。四是合力共解自治难题，楼道卫生自我管理。惠仁将组织社区住户开展楼道卫生自我管理协商，形成楼道卫生自我管理服务方案，实

---

① 依法治理的老旧小区，公众参与的幸福家园 [EB/OL]. "社工观察"公众号，2020-07-26.

现无物业服务的老小区楼道卫生自我管理，提升社区环境卫生质量。五是总结提炼经验方法，创新协商治理模式。惠仁将引导居民自己提想法、自己做决定、自己调矛盾、自己享成果，逐步探索出一套无物业管理的老小区协商共治模式。

惠仁承接文体社区协商治理项目后，围绕项目服务目标，以专业社会工作理念与技术为社区居民提供项目服务。同时，实时向社区方沟通、汇报项目进程，自觉接受其指导与监督，并根据实际情况做出调整与改进。项目初期，惠仁充分发挥基层党组织领导核心作用，在社区范围内充分挖掘参与自治协商的骨干群体，组建一支多元主体共同参与的自治协商骨干队伍；项目中期，惠仁针对协商自治制定科学化管理制度、常态化协商渠道及可持续发展的议事平台；项目末期，惠仁注重巩固与提升协商共治成果，总结提炼出了更符合社区治理情况的建设性改善意见。具体而言，项目实施可分为以下五个步骤。

第一，坚持党建引领，把握社区协商治理"方向盘"。惠仁在探索议事规则和社区治理相结合的过程中，始终坚持发挥社区党委核心作用，构建党建联席会机制，带动居民议事民主化、规范化，为社区党委引领开展社区第二届议事代表常态化议事协商工作、研究确定自治主体范围、适时审议居民提案等，把握自治工作方向。

第二，注重稳步推进，推进项目服务专业化。惠仁通过专项内容的逐步深入和有效连接，不断连接辖区及社会其他共建资源，在社区问题诊断、服务需求调查、议事规则制定、议事成员选拔和培训等方面，提供专业化的精准服务。

第三，着眼建章立制，推动协商程序规范化。惠仁探索制定《文体社区微基金与议事会管理办法》，构建"6+X"议事机制，以"萝卜十三条"为协商规则，以社区微基金为抓手，以居民提案为参考，引导居民以规范的程序参与社区事务，为社区民主自治工作提供制度保障。

第四，推动平台搭建，实现自治渠道多元化。惠仁构建了文体论坛、议事会、微基金决议会等自治协商渠道，结合社区重大专项工作或亟待解决的矛盾与难题，利用头脑风暴、主题会议、参与式座谈等形式，引导居民自己查找问题、解决问题，形成可执行的自我服务方案，并以议案形式提交微基金决议会，明确解决民生问题的途径，增强居民自治的主体意识。

第五，加强组织培育，促成居民参与规模化。惠仁以微项目、文体学堂为切入点，挖掘社区文体类、互助类居民自治组织，支持社区居民发展各种自我管理、自我服务的互助团体。同时，惠仁搭建了居民自治组织培育孵化平台，为团队文化建设提供专业指导和服务资源，并在团队自我管理、自我服务方面积极培育居民自治骨干，指导日常监督与管理活动。

惠仁承接文体社区协商治理项目的成效有以下几点。首先，激发了居民主体意识，撬动了社区自治协商"支点"。惠仁通过制定自治协商制度，搭建自治协商渠道与平台，创建议事代表提议接受处理流程与规范，引导居民合理、合法、理性表达诉求，使居民从社区公共服务的单向接受者，转变为社区协商治理的多元主体之一，真正成为社区自治的参与者。

其次，培育了居民骨干力量，成为社区协商治理"发动机"。惠仁通过为居民骨干开展能力建设等服务，运营自治组织培育平台新丝路社创营，将兴趣活动类组织变为服务类组织，推动各类居民自治组织成为社区公共事务管理的重要帮手和推手，促进了社区居民自治。

再次，促进了多元主体参与，引导居民自觉"当家做主"。惠仁组织社区工作人员、居民、社会组织、辖区单位等与社区治理密切相关的主体参与共议协商，制定了《楼道卫生自我管理服务手册》，成立了"楼道卫生监督小组"、楼道专题议事会与走访小组等协商治理队伍，使社区居民幸福感、荣誉感得到了显著增强，实现了从"配合政府"到"当家做主"的意识转变。

最后，推动了点面多方辐射，推进居民自治"协商效应"。惠仁在居民协商治理中，通过程序化的协商治理措施来应对居民反映强烈的问题，并逐渐拓宽协商治理成效经验的应用范围，形成了由社区党委统筹领导、社区居委会大力支持、社会组织提供专业支持、居民积极参与的社区协商治理机制。

二、依法治理，规制组织发展——苏州案例

党的十八大以来，苏州市社会组织管理工作围绕引导社会组织有序参与"最基础的社会治理"的职能定位，坚持一手抓积极引导发展、一手抓严格依法管理，充分发挥社会组织服务国家、服务社会、服务群众、服务行业的积极作用。各县级市（区）支持和鼓励城乡社区服务类社会组织"先发展、后规范，先备案、后登记"，充分发挥社区社会组织在参与社区治理、开展社区服务、繁荣社区文化、促进社区和谐等方面的积极作用。

苏州市已构建形成覆盖城乡、功能有别、错位发展、成效明显的市、县级市（区）、街道（镇）、社区（村）四级社会组织孵化培育体系，累计培育社会组织5000余家。近十年来，全市各级政府共投入约22亿元向社会组织购买服务，有5500余家社会组织承接各级政府购买服务，实施项目上万个。分级分类实施社会组织从业人员能力提升培训，有力推进社会组织本土化、专业化、职业化建设，不断提升社会组织参与社会治理的能力。截至2023年1月，全市登记的社会组织有7728个（市级1343个），其中，社会团体3281个（市级729个）、民办非企业单位4376个（市级565个）、基金会71个（市级49个），另有备案社区社会组织2万余个。社会组织累计投入资金1.18亿元，开展帮扶项目498个，受益人数达41万余人；4300多家社会服务机构在教育、文化、医疗、体育、民生保障等方面为广大市民提供专业服务，2万余家社区社会组织在城乡社区参与社区治理，为居民群众提供多样化服务；130多家基金会集聚了40多亿元社会财富，每年向社会提供公益慈善资金超过5亿元；全市社会组织开展各类就业服务活动近500场次，面向高校毕业生直接提供就业岗位超1000个，直接带动1.36万人就业。①

---

① 守正创新 激发活力 不断推动苏州社会组织高质量发展［EB/OL］.苏州市民政局，2023-01-03.

各类社会组织已日益成为苏州经济转型的助推者、社会建设的参与者、公共服务的提供者、社会事务的承接者、社会管理的协同者。

（一）破茧成蝶，志愿团队转型引领①

狮山街道馨风尚社创服务中心（以下简称馨风尚）成立于 2014 年年底，服务领域主要涉及文明宣传、邻里互助、环境治理、社区公益帮扶等方面。服务人群主要涵盖馨泰社区 12 个小区、7712 户居民。在街道和社区的培育支持下，馨风尚更加精准致力于社区文明、互助、志愿文化氛围的营造，团队成员及志愿者从最初的 3 名发展到现在的 100 余名，均为辖区内居民，累计开展活动百余次。馨风尚社创服务中心的《破茧成蝶志愿团队转型引领"馨风尚"》案例荣获"2022 年江苏省社会组织协同基层治理优秀案例——社区社会组织高质量发展案例"。

1. 激活"红色基因"，赋能基层治理"红色力量"

馨风尚在协同基层治理中突出党建引领，围绕"让支部行动起来"的理念，把支部建在服务行动中，激活"红色基因"，发挥"头雁"作用。馨风尚坚定为人民服务的初衷，不断充实和丰富服务项目，打造"馨悦一家亲""缤纷课堂"等为民服务党建品牌，增强党建引领向心力。同时，积极连接馨泰社区党委、"馨风"老书记工作室，开展党建共建，促进资源共享，夯实治理"末梢"。

2. 规范"团队细胞"，引领组织转型"破茧成蝶"

馨风尚在成立之初，具备草根性、公益性的特点，但在稳定性、专业性、影响力等方面存在一定的困难，制约了组织发展。为此，馨风尚一方面通过尝试狮山横塘街道微自治项目，采用"互动小组工作模式"，开展兴趣活动，凝聚有同样目标和价值追求的志愿者，引导其成为馨风尚核心成员。另一方面，通过组织诊断、专业技能培训、社会组织沙龙等方式，不断提升馨风尚的专业水平，同时，通过专职人员配备、组织架构搭建、项目化运作

———————————

① 狮山街道馨风尚社创服务中心案例获评省级社会组织优秀案例［EB/OL］. 苏州高新区管委会，2023-01-11.

等方式不断转型，使得馨风尚"破茧成蝶"，内部治理逐步规范。目前，该组织共有核心成员 18 人，志愿者 92 人。

3. 延伸"服务触角"，推进为民服务"落地生根"

2021 年，随着馨泰社区悦峰驿站的正式启用，馨风尚社创服务中心入驻，通过连续两年"馨悦'驿'家亲居民自治平台打造""馨悦'驿'家亲红色驿站自治团队服务与增能项目"打造，馨风尚得到了居民的广泛认可，团队成员运用自己的专业优势开展各类服务，与居民互动多、黏合度大，志愿服务、健康义诊、公益课堂等一系列菜单式服务被送到居民身边。

从 2019 年起，馨风尚连续 3 年独立承接各类市、区、街道级项目，累计承接项目金额约 43 万元，服务内容从青少年服务逐渐扩展至驿站运营、特殊人群帮扶、志愿服务、社区治理等方面，累计开展活动百余次。馨风尚积极协同基层治理，推进项目规范化运作，畅通为民解忧新渠道，推进为民服务"落地生根"。馨风尚社区社会组织将继续坚持党建引领，不断创新实践举措、不断贴近居民生活，着力提高服务专业化水平和组织规范化管理，走出一条特色的社会组织参与基层治理工作的道路，在全区现代化建设中担当"先行者"，为经济社会高质量发展做出新的更大贡献。

（二）太仓市利群社区发展促进中心：凝心聚力，营造"善治"社区①

社区治理是社会治理的"最后一公里"，创新城乡社区治理需要引入新元素、打造新链接、编织新关系、构建新形态。太仓市利群社区发展促进中心（以下简称太仓利群）正是顺应此时代的召唤而创立的社工专业机构。太仓利群成立于 2018 年 8 月，太仓利群是一家依托华东师范大学等高校的社工专业支撑，以社区的物理空间营造为载体、以人的营造为内核的社区营造和临床社工干预的专业组织。太仓利群现有全职员工 22 名，其中，硕士研究生及以上学历者 5 名，社工专业科班出身或持证社工从业人员 15 名；来自高校

---

① 凝心聚力 营造善治社区［EB/OL］."太仓民政"公众号，2022-03-21.

和相关领域的兼职社会治理创新专家与临床社工干预专家 45 名。

太仓利群旨在充分发挥社会组织的治理资源，协同多元主体，打造基于地缘关系、业缘关系和趣缘关系的新型人际链接方式，编织新型社会关系，提供个性化的专业服务，建构新的社区形态，创新社会治理方式。2022 年，在江苏省社会组织优秀案例评比中，太仓市利群社区发展促进中心的"以民主协商议事创新基层治理模式"成功上榜。

1. 社区治理创新研究，为社会治理创新提供依据和指南

太仓利群自成立以来，承接近 30 个社区治理类项目，拥有百份调研报告、超万份调查问卷，建立了菜单式社区需求或问题、社区资源和社区服务清单数据库，组建了来自高等院校专家学者、政府官员及实务界资深专业人士的强大专家智库，实现产学研相结合，采用大数据信息分析工具，从社区需求调研开始，到社区发展规划、社区项目设计、工作指南编撰，再到案例编写和社会政策评估，提供一站式服务。

2. 社会工作培育研习，为社会治理人才队伍培育保驾护航

人才队伍建设是社区治理的关键，从认知、态度、知识、方法和技巧五方面入手，从自我增能、自我培育到社区赋能，提升社区工作者的职业素养和业务能力。太仓利群精准定位需求，系统开发课程，合理匹配专业讲师，科学管理过程，高效培育各类社区治理专业人才。太仓利群曾承接了太仓市社区工作人员培养、社区民主协商能力建设，以及浏河镇和璜泾镇的社工和社会组织培训等项目。此外，太仓利群还承接了浏河镇社会组织服务中心和璜泾镇社会组织服务中心为社会组织和社区组织赋能的项目。

3. 社区营造社工服务，打造社区治理创新服务样板和品牌

社区营造是国家治理体系与治理能力现代化等语境下城市治理模式转型的重要路径，是重构资本、权利及空间组织关系的社区实践。

一是公共空间营造项目。太仓利群先后承接了浏河镇慈善中心托管项目和东仓村"绿色空间"社区空间营造项目。分别从空间阵地打造居民参与动员，从个性化服务提供培育居民自治的一条龙闭环服务。慈善中心项目充分

盘活浏河镇各类慈善资源，理顺浏河镇慈善工作在需求发现、服务对接、活动开展和成果评价等方面的关系，初步形成了浏河镇慈善中心"一中心五平台"的工作模式。而"绿色空间"项目进一步深化垃圾分类成果，形成厨余垃圾和废旧物品使用机制，培育"绿当家"社区环保团队，激发村民对绿色生活的热情，形成以"生态文明"为核心的特色品牌。

二是主题社区营造项目。太仓利群基于社区分类治理的理念，根据社区的不同特点和需求，针对社区治理的难点和痛点，通过人文场景的营造打造不同主题的社区，满足居民的个性化需求。通过邻里家园项目和街镇的个性化定制服务项目，分别营造东方儿童友好社区、东仓村低碳环保社区等主题社区。通过对不同主题社区的营造，一方面，激发了社区活力，为社区培养了一批有一定社区参与意识和社区治理能力的社区骨干；另一方面，打造不同类型社区的样板，为同类社区治理提供参考和借鉴。

三是自治团队培育项目。太仓利群根据不同的社区特点为社区培育不同类型的自治团队。利群曾以老年大学为平台，针对老年大学银翎志愿服务队开展志愿服务基础知识、志愿服务基本技能等培训，形成志愿服务培训体系和评价机制，形成社区和老年大学的有效联动，满足社区和志愿团队的需求。

四是临床社会工作服务。随着经济社会的发展，心理与行为障碍逐渐影响居民生活品质，这也是社会治理的难题。一方面，太仓利群专注于 3~18 岁儿童青少年及其在家庭和学校等不同场景下的情绪和行为障碍的评估、咨询和矫正服务，以及相关培训和研究，在太仓市为 10 多所学校的师生提供个案咨询、团体辅导、培训增能、职业生涯规划，以及家校共育模式培育服务，为学校的健康成长和良好的家校互动保驾护航；另一方面，太仓利群将临床社会工作的理念和方法应用于社区场景，分别承接了浏河镇社工站项目和璜泾镇社工站项目，立足社区，在为社区弱势人群提供心理与精神健康干预、社区危机干预、社区纠纷调解以及困难人群的就业帮扶服务等行动中，取得了良好的社会效益。

4. 服务成效

第一，提高社区议事能力，激发社区自治意识。太仓利群在社区自治工作中，充分利用各类活动作为议事载体，动员和引导居民按照规则参与社区事务的讨论，逐步培养居民发表意见、表达观点、参与讨论、决策行动等能力，提高了社区的自治能力和自治意识。

第二，加强社区基层社会组织建设与社工人才培养。开展基层组织和工作人员能力建设是社会组织自立的根本。通过社会化方向，着力培养和提高社会组织自愿发起、自筹经费、自主服务的能力。完善社会组织结构，建立健全以章程为核心的各项规章制度，提高组织运作的透明度，提高自我约束能力。社会组织孵化园在实现"培育与监管"并重的基础上，加强社区社会组织专业能力建设，积极探索、培养更多专业人才参与社区发展，切实解决社区居民困难，提供优质专业服务。

第三，开展社会组织培育，促进各类社区组织发展。首先，为社会组织开展指导和咨询，包括扶持奖励、登记评估等项目，培育发展社会组织专项资金，开展社会组织项目指导和评估。其次，挖掘社会资源，扶持社会组织发展，激活社会组织活力。加大对社会组织宣传力度，探索建立针对社会组织人才和社会工作人才的激励机制，开展社会组织能力建设和培训工作，扩大社会组织的影响力。最后，以满足群众多元需求为主，引导社会组织开展专业服务。

第四，分类指导、重点培育，激发社区活力。以满足社区居民需求为基础，大力扶持"枢纽型"社会组织与"草根"社会组织。寓管理于服务，给社区社会组织"松绑"，释放出社区社会组织的活力。重点培育专业社工服务类、社区服务类、社会创新类、社区治理类、公共服务类等项目，调整社会组织服务类型，确定发展方向。

第五，打造服务阵地，形成品牌服务项目。围绕社区党建和生态文明，打造红色党建阵地和绿色环保阵地，开展相关活动落实空间功能，发挥空间阵地吸引居民、凝聚团队、培育骨干、宣扬社会正能量的积极作用，形成有特色、有影响力的社区工作品牌项目。

（三）森屿社工："零抛物线"守护头顶安全[①]

苏州市吴江区森屿社工服务社成立于 2020 年 8 月，位于吴江公益园内，是经苏州市吴江区民政局批准注册登记的民办非营利性社会工作服务机构。机构以助人自助、专业服务、以人为本、共建和谐为宗旨，以做有态度、有深度、有温度的社会组织为目标，为有需要的个人、家庭、社会各类群体等提供人性化、专业化的社会服务。目前，主要服务于村、社区基层，开展儿童、青少年、老年人、残疾人等相关群体的文化宣教工作，包括心理健康、文化教育、禁毒司法、社会创新治理等专业服务和公益服务。森屿社工服务社负责的"零抛物线"守护头顶安全——金阳社区高空抛物治理项目荣获"2022 年江苏省社会组织协同基层治理优秀案例——社区社会组织优秀项目案例"及 2021 年吴江区十佳社会工作案例。

金阳社区位于苏州市吴江区震泽镇，是 2013 年 1 月正式成立的村改居社区，辖区面积约 1.95 平方千米，常住人口约 7500 人。辖区内的新乐新村小区农村人口占比较大，且老年人居多，部分居民由于此前基本生活在农村自建房中，原有生活习惯难以转变，未能及时融入城市生活，加之部分居民法律意识淡薄，对高空抛物的严重性和危害性认识不足、对高空抛物可能承担的法律责任不清楚等种种原因，造成社区内高空抛物现象较频繁。森屿社工服务社于 2020 年 12 月开始介入金阳社区"高空抛物"的焦点问题，计划通过"零抛物线"金阳社区高空抛物治理项目，结合两邻理论，减少高空抛物现象。

1. 项目分析

森屿社工服务社在社区走访调研中发现，多数居民对于高空抛物事件存在担忧，认为高空抛物行为有较大安全隐患，希望能够解决高空抛物问题。此外，由于金阳社区工作人员较少，基层行政压力大，急需社会组织介入解

---

① 森屿社工："零抛物线"守护头顶安全：金阳社区高空抛物三社联动治理案例［EB/OL］."吴江公益园"公众号，2023-04-19.

决高空抛物问题，并依托社会组织搭建议事平台，实现多方共商共治。

基于以上需求分析，森屿社工服务社计划分三步开展高空抛物治理项目。第一，建立信任关系。森屿社工服务社将开展睦邻友好类活动，与服务对象建立良好关系，从中挖掘社区骨干、达人、积极分子，招募其成为社区志愿者，并借此契机对直接参与对象进行"零抛物"的安全宣传，推动服务对象形成拒绝高空抛物的意识。第二，提升居民自治理念。森屿社工服务社计划打造"零抛物"示范楼栋，帮助居民亲身参与居民自治，提升居民自治的参与感、价值感。通过开展"零堆放""零抛物"示范楼道协商治理活动，引导建立示范楼道"零抛物"维护机制，增强居民参与协商治理的能力。第三，搭建协商平台。森屿社工服务社将动员社区、社区居民、物业等多方力量，组成"零抛物"议事小组，借助社区协商议事平台，通过议事、宣传、行动、监督四个环节，探索社区"高空抛物"问题的解决路径。

2. 项目实施

第一，开展多样化活动，增强"零距离"宣传。针对社区居民活动参与率低、社区自治基础薄弱的现状，森屿社工服务社通过举办多样化睦邻友好活动，拉近与居民之间的距离。开展"迎新春、送祝福、嘱安全""欢欢喜喜闹元宵，邻里和谐一家亲""便民服务暖人心""品熏豆茶文化，寻剥毛豆达人"等活动，增进邻里交流，促进邻里和谐。与此同时，森屿社工服务社积极与居民建立和谐关系，从中挖掘了 8 名志愿者，建立了一支"高空抛物"治理志愿者团队，以此加大"零抛物"的安全倡导与宣传，着力推动居民形成拒绝"高空抛物"的安全意识。

第二，建立项目示范点，形成"零抛物"氛围。森屿社工服务社通过选定楼道、进行调研、协商议事、齐力行动四大步骤，建立"零抛物"示范楼道，以点带面发挥示范作用，带动更多居民加入"零抛物"行动。"零抛物"示范楼道的建立，有效提升了居民的安全意识，营造了"零抛物"的文化氛围。此外，森屿社工服务社还在社区文艺演出中融入拒绝高空抛物的宣传内容，引导居民在潜移默化中认识到高空抛物的危害性，形成拒绝高空抛物的意识。

第三，开展共治行动，实现"零抛物"目标。森屿社工服务社围绕议事、宣传、行动、监督四方面，开展了系列"高空抛物"治理活动。首先，在议事方面，森屿社工服务社围绕"零抛物"目标，号召包括居民代表、志愿者、物业、社区在内的多元主体共同参与治理，讨论了多项议题并共同制定了志愿者管理、志愿者责任、志愿者分工制度和"金阳议事会10条约定"等。其次，在宣传方面，森屿社工服务社通过开展上门宣传、倡导"零抛物"行动、儿童宣导、户外演讲、"法律课堂"和"模拟法庭"等活动，促使居民认识到高空抛物的危害，加强居民对高空抛物相关法律的了解。再次，在行动方面，森屿社工服务社倡导居民共拾高空抛物垃圾，用实际行动号召更多居民参与治理，并对"高空抛物"现象严重的楼栋采取上门劝诫的方法，让高空抛物者认识到高空抛物的危害，最终让"零抛物"目标成为社区共识。最后，在监督方面，森屿社工服务社着力完善"高空抛物"监督机制，安置警示牌进行"无声监督"，加强社区志愿者巡逻，并借助宣传喇叭播放"零抛物"安全倡导。

3. 项目总结

森屿社工服务社通过搭建议事平台，制定议事规则，以议事会提案、讨论、决议、行动、监督的形式，调动社区多方力量共同参与、群策群力，创新并完善了居民自治的社区治理模式。通过问卷调查发现，社区高空抛物现象相较此前减少了80.2%，得到明显改善。

一是从被动到主动，增强社区治理信心。森屿社工服务社通过社区自治组织培育、社区文明倡导等方式，引导社区居民主动参与社区治理活动，增强了居民的社区治理信心，并在项目实施中增进了邻里关系，提升了居民的社区归属感。

二是从无到有，健全社区治理队伍。森屿社工服务社组建了一支由社区、物业、居民自愿参与的"高空抛物"监督团队，扩充了社区志愿者队伍。同时，科学制定了志愿者管理、志愿者责任、志愿者分工制度及议事会制度，形成了议事小组，帮助居民掌握议事方法流程，为居民自治奠定了良好基础。

三是从共知到共治，构建社区治理平台。森屿社工服务社搭建了由社区居委会、物业、居民志愿者代表、居民代表、社工组织等多方参与的议事平台，形成了"居民事、居民议"的议事制度。并借助问题剖析与商议处理流程，通过委婉劝导与文明引导杜绝居民高空抛物现象，推动居民形成拒绝"高空抛物"的意识，促使社区治理骨干以身作则、互相监督。

三、双轮驱动、汇聚多元资源——无锡案例

早在 2012 年，无锡市民政局就联合专业基金会和太湖街道共同发起设立了"灵山太湖社区公益服务园"，探索社会组织参与社区治理的模式；2016 年起，依托专业基金会和慈善机构，以"公益创投"的方式支持无锡社区社会组织参与基层治理与服务成为无锡基层治理一大特色。2022 年 6 月，无锡市出台《关于实施"五大行动"深化"五社联动"推进社区治理现代化的工作方案》，深化以社区为平台、社会组织为载体、社会工作者为支撑、社区志愿者为辅助、社区公益慈善资源为补充的"五社联动"社区治理新机制。实施社区社会组织提质行动，加大社区社会组织扶持力度，引导社区社会组织运用专业社会工作方法开展社区服务，参与基层社区治理。2023 年 5 月，无锡市进一步出台《无锡市促进社会组织高质量发展扶持办法》，明确提出加快政府职能转变，建立多元化社会组织扶持机制，构建分级分层的社会组织服务支持体系，鼓励引导各级各类社会组织发挥自身优势，发挥社会组织在促进经济发展、管理社会事务、提供公共服务中的积极作用，服务无锡市经济社会发展。

据不完全统计，近年来，无锡市已累计通过社会资源投入资金 3000 余万元，鼓励社会组织在基层社区治理、困难人群服务、社区社会组织提质增效等领域深耕服务，支持了近 1000 家社会组织各类社区治理和社区服务项目在社区落地。截至 2022 年 8 月，无锡市社区社会组织总数达 13 051 个，每个

城市社区拥有社会组织 14.23 个，每个农村社区拥有社会组织 7.6 个。①

（一）润杨村"社会组织+社区基金"，双引擎驱动社区治理向美而生②

润杨村位于惠山区洛社镇西南，面积为 1.92 平方千米，户籍人数 1062 户，户籍人口 4422 人，流动人口 1443 人。作为洛社镇的经济强村，规模以上企业 9 家，规模以下企业 100 多家，企业家、村民有意助力慈善公益事业，经常会拿出资金、物品来帮助辖区内的困难群体。近年来，惠山高新区（洛社镇）润杨村针对缺人、缺钱、缺机制的治理困境，创新社区治理思维，积极探索"社会组织+社区基金"双引擎驱动的社区治理新模式，一手抓社会组织孵化培育，一手抓"美好润杨"社区基金建设，进一步精准解决社区"小、急、难"问题，助力社区"善治"，推动社区治理工作由"点"向"面"推进。在无锡市民政局公布的 2022 年度社区治理创新项目成果奖名单中，惠山高新区（洛社镇）润杨村"社会组织+社区基金"双引擎驱动社区治理"向美而生"项目，荣获无锡市 2022 年度社区治理创新项目成果奖一等奖。

1. 培育社会组织，延伸壮大服务手臂

润杨村为进一步做强社会组织，推进社会组织孵化培育工作，2019 年引入专业社会组织，指导开展各类活动 85 场次，深挖辖区内的骨干志愿者，并于 2020 年组建了 35 支团队，以团队形式开展各项活动，实现志愿者活跃化、团队化。以相关领域的骨干志愿者为牵头人，先后成功注册社会组织 4 个（润杨村润之情残疾人之家、润杨村社会组织孵化站、润杨村居家养老服务站、润杨村工会联合会），备案社会组织 30 余家，数量在全市同类村社区居于领先。通过培育、孵化、引导、服务社会组织，社区治理中可调动的社会

---

① 对市十七届人大一次会议第 0184 号建议的答复函 [EB/OL]. 无锡市民政局，2022-08-24.

② 润杨村"社会组织+社区基金"双引擎驱动社区治理向美而生 [EB/OL]. "无锡民政"公众号，2023-03-01.

化治理力量更加充沛、能力不断增强，持续推动社区治理的共商共建共治共享。

2. 培育社区基金，筑牢夯实服务基础

2022 年，润杨村抓住"惠新灵"公益计划契机，成立了"美好润杨"社区基金，组建了由企业家代表、村两委工作人员、社工、村民代表共 9 人组成的"美好润杨"社区基金管委会，并制定社区基金募集、使用、监督、管理机制和章程。依托基金平台面向辖区内企业、村民以及各类社会组织发起公开募捐，有效统筹整合各方力量资源，进一步壮大基金规模，蓄足"美好能量"，推动社区基金成为整合各方资源的"链接者"、社区居民需求的"回应者"、居民参与社区治理的"引导者"，开启"美好基金撬动美好社区治理"的新实践。通过资源链接，"美好润杨"社区基金共筹集到来自辖区企业、村民善款近 53 万元。

3. 夯实服务机制，激活两个引擎动能

润杨村始终坚持党建引领，在"社会组织+社区基金"双引擎驱动下，形成了一套"社区发现问题、社工设计项目、社区社会组织实施项目、社区基金支持、志愿者参与"的"五社联动"服务机制。截至目前，已累计开展各类活动 349 余场次，如"美在润杨第一届微治理活动""暖在润杨第一届微公益创投""'情在润杨满是爱'专项行动"等各类项目活动。为盘活社区资金，建立了议、征、审、评、展、督"六位一体"的工作机制，随后，面向村民征集三大品牌共 27 个子项目，并召开项目评审会进行审核，确定 17 个最终执行项目，所有项目经过专业督导和评估，有效整合了多方力量资源，居民纷纷参与志愿团队活动、社区治理工作，志愿者团队更加壮大，不断满足群众对美好生活的向往。如今的润杨村家风乡风更淳朴，村容村貌更整洁，邻里关系更和谐，村级医疗互助更有保障。

在"社会组织+社区基金"双引擎驱动下，润杨村形成了一套由社区发现问题、社工设计项目、社区社会组织实施项目、社区基金支持、社区志愿者参与的"五社"联动服务机制，社区治理资源得到有效整合。

（二）四叶草儿童青少年成长中心：打造"新邻里主义"，重构邻里关系①

无锡市惠山区四叶草儿童青少年成长中心成立于2015年3月，该中心以心理学为核心，融合社会服务内涵，提供专业服务，搭建个人、家庭、社会共同发展的平台。四叶草儿童青少年成长中心以儿童青少年为主要服务对象，承接各类政府部门、组织机构的委托及购买服务，并提供心理健康知识普及、心理辅导、心理康复训练、心理健康教育与培训。团队拥有全职人员8名、兼职人员3名，另外还拥有一支20人的专业心理咨询师、社工师志愿队伍和100人左右的社区居民志愿者队伍。四叶草儿童青少年成长中心主导的"打造'新邻里主义'重构邻里关系——无锡市惠山区四叶草儿童青少年成长中心"社区治理创新项目获选2021年无锡市社会组织参与社区治理优秀案例、江苏省社区社会组织优秀项目案例。

1. 项目目标

四叶草儿童青少年成长中心计划基于互惠和信任的邻里关系，以打造"新邻里主义"为抓手，引导居民参与社区共建共治，探索新时代商品房小区邻里关系创新治理新模式。在重塑邻里关系层面，四叶草儿童青少年成长中心通过培育孵化不同年龄段居民的社群，鼓励开展自发性活动；链接社会组织、党支部、企业、业委会等多方资源，开展邻里特色活动；搭建小区自治理事会和民主协商议事平台。四叶草儿童青少年成长中心着眼于调动居民治理积极性，通过打造"邻里节"，从本质上促进和改善邻里关系，把各群体居民需求和想法有效串联起来，并依托"拼徒大会"开展项目成效验证环节，真正实现"共商共建共治"，促使"新邻里主义"真正根植于每个居民心中。

2. 项目实施

在项目实施前，四叶草儿童青少年成长中心积极开展需求调研，了解现

---

① 打造"新邻里主义"重构邻里关系：无锡市惠山区四叶草儿童青少年成长中心[EB/OL]."无锡民政"公众号，2022-02-21.

状。通过居民微信群、居民面对面、发放问卷等方式，开展邻里关系调研，全面梳理美林湖小区邻里的现状和矛盾焦点。项目实施中，四叶草儿童青少年成长中心主要通过四大步骤促进居民互动。第一，鼓励邻里相识。为鼓励居民加强彼此间的互动，四叶草儿童青少年成长中心依托"美林湖阳光驿站""梦想客厅公共空间"等渠道开展各类活动，面向青少年开展梦想系列课程，针对中青年开展拓展交流、瑜伽课等，还为老年人开展健康养生沙龙、传统节日等一系列丰富多彩的活动。第二，增进邻里融合。四叶草儿童青少年成长中心以"邻里一家亲"等形式邀约居民参与社区活动，如端午节包粽子活动，促使老中青三代相互学习，营造其乐融融的和谐氛围；苏庙社区开展为期三天的"你好，邻居"邻里节大型活动；鼓励居民参与"门与门的距离"活动，并用串门卡敲开邻居家门；以"触爱行动"培养公民意识；邀请"老党员"讲故事传承红色基因；创办"公共厨房"提供 2000 个馄饨同包共食；等等。一系列活动的开展吸引了更多的居民"走出小家、走进大家"，实现"参与、互助、融合、幸福"的新邻里关系从"小范围"向"大社区"的辐射普及。第三，倡导邻里互助。在开展居民活动的同时，四叶草儿童青少年成长中心在美林湖小区大力倡导公益互助的理念，积极开展各类公益活动，激发居民公民意识和社会责任感。第四，实现邻里共治。四叶草儿童青少年成长中心打造了"湖里人家议事会"，以"湖里人家"议事会的形式，引导居民就美林湖公共事务进行民主协商，以议题讨论协商的方式重新审视社区的生活状况。同时，四叶草儿童青少年成长中心还创建了邻里党小组，将社区的党建活动融入"新邻里主义"建设中，将小区居民与社区组织串联起来，并通过党员志愿服务、党内关爱、弱势群体帮扶等党建活动，引导社区居民逐步培育邻里互助新理念。

3. 项目影响

四叶草儿童青少年成长中心组织开展了苏庙社区美林湖 2020 "邻里拼徒"大会，活动当天，11 个团队、378 位居民报名参与，从"邻里节"的相识到"邻里拼徒"的成团，这不仅直观展现了社区居民邻里关系的和谐融治，更标志着社区在"共建共治共享"方面取得了阶段性成果。此外，四叶草儿童青少年成长中心以居民共同的利益、兴趣和情感为纽带，引导居民重新建立信任、重塑邻里情感，通过增加日常互动与开展特色活动，有效增强了居民活动的参与感、交互感、幸福感，形成了新的现代社会关系体，构建公共精神，营造了睦邻友好、温馨和谐的社区氛围，使得"新邻里主义"在社区蔚然成风。邻里节、"拼徒大会"的开展，使得社区创新治理工作得到了有效宣传，公众号相关文章阅读量超过 3000 次，"学习强国"平台、《扬子晚报》等省、市媒体也对此进行了多次报道，显著增强了项目的影响力。同时，"打造'新邻里主义'重构邻里关系——无锡市惠山区四叶草儿童青少年成长中心"社区治理创新项目还获得了 2020 年度惠山区社区治理创新项目一等奖、无锡市 2021 年社会组织参与社区治理优秀案例、江苏省社区社会组织优秀项目案例，作为有效、成功的社会组织参与社区治理的实践，项目相关负责人多次受邀参与各类分享交流活动。

（三）九色公益服务中心：润物无声、善治有为①

无锡市滨湖区九色公益服务中心（以下简称九色公益）成立于 2013 年12 月，由欢乐义工"九色工坊"项目组发展而来。九色公益坚持"服务社会、完善自我"的理念，通过承接政府委托的公共服务项目以及社会创新领域的深入探索和实践，致力于成为助力城市社区可持续发展的非营利组织。九色公益目前从事的社会服务项目包括社区青少年（含新市民子女）成长、社区治理、社区居家养老运营托管、社会组织孵化园托管、社会活动中心运营托管、慈善超市运营托管项目、第三方委托社会调查、社区优抚对象帮扶、刑释人员帮扶等。

九色公益以"三聚力"工作法深度参与城乡社区治理，以"服务社会、完善自我"为服务宗旨，致力于社会治理的实践和创新，助力城乡社区的服务和发展，荣获 2021 年江苏省社区社会组织高质量发展案例、2021 年度江

---

① 无锡市滨湖区九色公益服务中心：润物无声 善治有为 [EB/OL]."无锡民政"公众号，2022-02-15.

苏省社会组织评估登记市县社会组织 5A 资质。

1. 主要做法

首先，搭建协商治理平台。九色公益深入社区农村，通过前期调研和现场征询村（居）民意见，采用固定成员与机动成员相结合的方式。先后帮助有关村（社区）搭建了"板凳夜话议事会""庭院声声议事会""鹤声议事厅""何家议事角"等协商议事治理平台。

其次，规范协商议事章程。一是协助乡镇街道进行顶层设计，制定出台协商治理指导文件；二是协助村（社区）制定协商治理五步流程，即通过群众"提"事、平台"选"事、协商"议"事、协同"做"事、监测"督"事五个步骤来推进具体协商治理工作；三是协助村（社区）制定七条议事规则，使参会者可以充分表达意见。

再次，居于中间加以引导。九色公益注重发挥中间者作用，主持召开协商会，以法说事、以规议事，让村（居）民在"法理情"的框架范围内讨论问题，使社会组织成为把利益冲突相关方联系到一起的"纽带"。

最后，形成方案解决问题。九色公益深入各个村（社区）进行走访调研，协助村（社区）起草城乡社区治理问题解决实施方案，采取田园议事、院落议事、街巷议事、板凳议事等多种协商议事方式，有效解决群众关心、涉及群众利益的问题，提高矛盾化解的实际效果。

2. 工作成效

在九色公益的参与协助下，无锡市山明社区、蠡湖社区、胡埭村荣获滨湖区社区治理创新项目二等奖；舜柯社区、七房桥村等 8 个村（社区）先后荣获全国乡村治理示范村、江苏省新农村建设示范村、省生态文明建设示范村、省休闲农业精品村、江苏省水美村庄、江苏省文明村等荣誉称号。《"板凳夜话"求出村民需求"最大公约数"》《聚焦"美丽庭院"民主协商议事会》等项目先后在"学习强国""今日头条"等多家媒体、平台进行刊登和报道。此外，为配合疫情防控，九色公益开展了"驰援行动"，为 163 个村（社区）赠送了价值 85 361 元的防疫物资，同时，36 名员工下沉到 45 个村

（社区）担任防疫志愿者，累计志愿服务 1330 小时，受到了村（社区）的广泛好评。

3. 特色亮点

九色公益深度参与社区治理，助力城乡社区治理高质量发展，探索出"社区治理聚力问题解决""社会测评聚力文明提升""参与过程聚力实务锻炼"的"三聚力"工作法。

一是社区治理聚力问题解决。九色公益协助村（社区）缓解与化解焦点、痛点、难点问题，诸如，物管矛盾，社区、物业、业委会三方联席机制，业委会筹建与运作，无物业小区居民自治，老旧小区改造前期协商，农村人居环境村民议事等，并按照"开展民意调研—搭建协商平台—相关方参与议事—达成协商共识—形成实施方案—推动问题解决—邀请居民评议"的步骤路径，以项目化运营加以推进。

二是社会测评聚力文明提升。九色公益作为文明城市实地测评、农村人居环境测评、美丽河湖测评及多个类型的第三方测评单位，积极运用社会工作手法和网络信息技术，为区、街镇、村社区等提供相关改善和提升的建议和服务。

三是参与过程聚力实务锻炼。九色公益在参与城乡社区治理过程中，采用"小微模式"，即创业小微、转型小微、生态小微，推行机构平台化、员工创客化、用户个性化，制定"动态合伙人制"，把员工从雇佣者变成创业合伙人，使员工实现"三自"，即自创业、自组织、自驱动，从而提高员工实务能力。

（四）希昕社工事务所：牵手同心圆、温暖失独心①

无锡市锡山区希昕社工事务所（以下简称希昕）成立于 2018 年 9 月，是助力社会可持续发展的非营利机构。希昕关注弱势群体及社会特殊人群，为其提供帮扶、增能等社工专业服务，立足于社会需求，以公益倡导与专业

① "牵手同心圆 温暖失独心"失独老人社会关爱项目 [EB/OL]．"无锡民政"公众号，2022-02-23.

社工为纽带，以"发展、共治、融合"为目标，探索、实践更加有效的社会工作模式。目前，希昕已具备完整、灵活的组织构架，现有全职社工6名、中级社工4名、其他类型工作人员3名、兼职社工5名，志愿者多达500余人，并拥有一支心理咨询师、社工师结合的专业督导团队，承接实施各类社工服务项目，涵盖计生类、青少年儿童类、家庭类、妇女类、助残类等多个服务领域。

为进一步做好锡山区失独老人的帮扶工作，2018年以来，希昕积极响应锡山区卫健委号召，联合乡镇、街道开展了"牵手同心圆、温暖失独心"失独老人社会关爱项目，逐渐探索形成失独老人长效帮扶机制。希昕以失独老人为服务对象，采取完善的长效运行机制，立足失独老人个体和科学选择介入方法，逐步激发个体潜能，成功形成了"政府主导、部门协作、社会参与、全程关怀"的项目服务模式。项目以"温暖帮扶"为宗旨，以"携手共建"为方式，以"互助乐助"为特点，实施"五关怀"行动，致力于满足失独群体精神、生活、健康等多方面的需求，已覆盖全区三个乡镇街道，服务失独老人153人。希昕负责的"牵手同心圆、温暖失独心——失独老人社会关爱项目"荣获2021年江苏省社区社会组织优秀项目案例，希昕也获评2022年度无锡市社会组织评估"4A级社会组织"。

1. 整合服务资源，打造暖心家园

希昕着眼于完善各项机制，联动锡山区卫健委、街道计生部门，建立多部门参与的失独老人帮扶工作领导小组，将项目顺利落地连心家园，并依托当地老年活动中心、文体服务中心等综合服务场所开展服务，让失独老人有"家"可去、有"家"可归。在项目实施前，希昕开展了失独老人基本情况及需求调查，建立一户一档，实行动态管理机制，做到情况明、底数清、信息准，以便根据服务对象需求制订合理有效的活动计划。同时，希昕充分调动当地资源和其他资源，形成"多对一"结对帮扶制度，实现多方协调、共同帮扶，做到一周一问候、一月一活动，为失独老人搭建相互倾诉、相互交流的平台。

2. 创新帮扶特色，创建失独品牌

希昕在项目实施过程中积极链接外部资源，创新失独品牌，以精神关怀抚慰心灵、以生活关怀帮扶困境、以医疗关怀管理健康、以志愿关怀助力前行。

首先，希昕以精神关怀抚慰失独老人心灵。希昕组建了"心理援助小组"，定期为失独老人开展心理疏导，提供咨询和关怀服务，还通过定期开展电话问暖、上门问候的方式，给予失独老人精神慰藉。此外，希昕还积极组织"抱团取暖""佳节共度"和"外出减压"等活动，充分利用相关节日时机，如春节、中秋节等节日，在连心家园开展集体欢庆、手工制作等活动，让老人主动走出家门，在舒展身心、陶冶情操的过程中，结交兴趣相同的同伴。

其次，希昕以生活关怀解决失独老人困境。希昕建立了帮扶联系人制度和走访慰问制度，每月走访一次，为其送米送油，便于及时了解失独老人信息，告知相关帮扶政策，给予他们生活上的关心和救助。同时，希昕还联合相关部门为失独老人提供免费家政服务，并协助老人办理住院护工保险，以解决他们住院期间的后顾之忧。

再次，希昕以医疗关怀管理失独老人健康。希昕科学开展失独老人健康管理，建立健康档案，举办健康知识讲座，联合卫生院、街道部门每年进行一次免费健康体检，为老人提供慢性病随访和便捷医疗服务。此外，希昕还面向失独老人提供丰富的医疗援助，开展免费家庭医生签约服务和医保政策咨询服务，协调社区医院及定点医院开通"五优先"医疗援助服务和医疗救助绿色通道，为老人提供免费全眼筛查及白内障手术，以便利的就医条件保障失独老人身心健康。自 2018 年以来，希昕已面向失独老人开展了多项活动，如联合心理援助团队开展心理抚慰活动 8 次、心灵走访类活动 18 次、主题活动 28 次、户外活动 14 次等。

最后，希昕以志愿关怀助力失独老人前行。希昕积极开展各类"温暖失独心"品牌系列活动和心理援助服务，为失独老人搭建相互倾诉、相互交流的平台。同时，希昕不断调动社会各类爱心资源，为失独老人送上物资和慰问，让他们感受到来自社会的温暖，其他社会志愿团队的爱心力量也为失独老人提供持续稳定的爱心帮扶。每逢新年，祇陀寺寺庙慧莲法师都会邀请失独老人一起撞钟祈福，并为其送上新年祈福祝愿，派送新年贺岁生活大礼包；孝萍工作室资助适老化改造，为街道两户失独家庭实施适老化改造，每年向民政部门申报 2 户改造计划；青商会开展爱心帮扶，定期对失独老人进行爱心帮扶，捐助生活物资；麒铭爱心小分队派发"爱心菜"，每周六会为失独老人提供鱼肉蛋禽和时令鲜蔬等"爱心菜"，每逢节日，还会为其送上牛奶、水果等大礼包。政府、银行、企业等各界的爱心资源与各志愿团队的爱心支持，持续为失独老人送上关爱关怀。

3. 构建长效机制，创新服务模式

希昕在项目实施过程中逐步构建了五步长效机制与可推广服务模式。长效机制主要分为五个步骤。第一，加大失独老人照护力度，及时总结经验，改进工作方法、提高工作效率。第二，进一步整合资源，健全行之有效的保障制度和政策，确保相关项目经费落到实处。第三，进一步强化队伍建设，提升工作人员和服务机构整体素质和服务技能，全方位提高服务失独老人的工作能力。第四，进一步对服务内容优化升级，在设计活动项目时，邀请失独老人参与设计，提高其群体归属感。第五，进一步加强项目的融合性和创新性，特别要注重培养失独老人的助人、自助能力。

项目服务模式可归纳为五个要点。第一，收集、汇集失独老人档案，将失独老人的需求和社区、社会资源进行评估。第二，与失独老人建立联系，除了入户走访，每月与失独老人进行电话联系，及时了解失独老人的生活情感需求。第三，开展小组工作，调动失独老人参与活动的积极性，通过组织各类集体活动，缓解失独老人的焦虑孤独情绪，增加彼此间的友谊。第四，开展社区工作，充分利用社区的各种资源，为失独老人提供良好的生活环境，调动失独老人参与社区活动的积极性，增强其社区归属感与认同感。第五，持续为失独家庭第三代提供服务，缓解家庭矛盾，满足失独老人的精神关怀需求。

希昕通过帮扶举措创新，获得了社会各级爱心组织的广泛支持，"牵手同心圆、温暖失独心"失独老人关爱项目也取得了显著成效。项目实现了全面覆盖，失独老人参与率和满意度不断提高，做到了户户参加、人人满意；项目得到了社会支持，使失独老人心事有人听、节日有人陪、健康有人帮、需求有人解、困难有人助；项目做到了现状改善，改变了失独老人居家封闭的现状，使其主动走出家门，融入社区大家庭；项目促成了自我转换，成员在帮扶过程中不断发挥价值作用，实现了自我转换、反哺社会。"牵手同心圆、温暖失独心"服务品牌发展至今，已成为众多失独老人的心灵港湾，逐渐从一个街道辐射到多个街道，从一个区域复制到其他区域，成功建立了一套独特有效的失独老人帮扶机制。

第二节　问题与困境：苏南社会组织参与
社会治理面临的挑战

新中国成立以来，社会组织的发展经历了蜿蜒曲折中艰苦的起步期、厚积薄发般生长的攻坚期、加速发展的改革期三个阶段。整个发展过程的演绎逻辑表现为：在政策导向上由"尝试"走向"引导"；在政策路径上由"粗略"转为"精准"；在政策主体上由"一元"转向"多元"；在政策客体上从"被动"转为"主动"。但实践中，社会组织参与社会实践并非尽善尽美、一帆风顺，而是"成就与问题同在，机遇与挑战并存"。具体到苏南地区，调研中我们发现，一方面，当前苏南地区社会组织的发展在社会认知度、公信力、治理经验等方面存在诸多不足，一定程度上影响了社会组织参与基层社会治理功能的发挥；另一方面，社会组织参与社会管理创新的体制机制还不健全，缺乏创新动力。例如，社会组织与有关部门间的信息交互平台不完善，缺乏监管细则等，造成社会组织治理低效率。

一、治理边界模糊与责任定位不清

调研发现，苏南地区基层治理中社会组织是活跃主体之一，各个领域都可以看到社会组织参与的身影。一些社会组织通过参与或推动多种社会项目，彰显了其提升社区建设、环保、教育、健康等领域的治理能力。例如，微信星统计发现，大部分受访对象了解社会组织。其中，"非常了解"和"了解一点"的占比分别为 12.41% 和 54.48%，只有 5.52% 的受访者回答"完全不了解"；而在"你所在社区有社会组织或专业社工组织居民各种活动吗?"问题中，有 70% 以上的人回答"经常有"或"偶尔有"（见表 4-1、4-2）。

表 4-1 您对社会组织了解吗?

选项	比例
非常了解	12.41%
了解一点	54.48%
知道但不熟悉	27.59%
完全不了解	5.52%

表 4-2 你所在社区有社会组织或专业社工组织居民各种活动吗?

选项	比例
经常有	23.45%
偶尔有	47.59%
没有	5.52%
不知道	22.76%
其他	0.69%

访谈中也进一步证实了这一观点。例如，非政府组织（NGO）在公共卫生领域有着广泛的参与和贡献。在 COVID-19 大流行期间，苏南地区许多 NGO 积极参与疫苗推广，宣传科学防疫知识，提高公共卫生意识。在环保领域，社会组织如绿色和平组织般通过推动各种环保项目，倡导可持续发展，保护地球环境。社会组织通过设计和实施项目成功解决了许多社会问题，如乡村教育项目、社区环保项目、贫困救助项目等，这些都有效地改善了目标人群或社区的生活质量和环境。在执行项目的过程中，社会组织积累了丰富的经验和能力，包括项目管理、团队协调、筹资能力、技术技能等，这些都提升了他们在社会治理中的效果和影响力。社会组织通过项目与各方建立了合作关系。如与政府部门合作推进政策，与企业合作获取资金和技术支持，与其他社会组织和社区合作共享资源和信息。这些合作关系有利于社会组织提升社会地位，扩大社会影响力。

但调研中也发现，社会组织的发展还处于起步阶段，社会组织之间职责边界不清、职能履行不到位不规范等矛盾逐渐凸显。如何厘清社会组织职责分工，切实提高行政效率，成为社会组织治理的当务之急。调研走访中发现，部分涉及社会组织改革的部门反映，没有得到政府的"分类落实"的反馈信息，因工作机制不顺畅导致相互推诿扯皮、缺乏行之有效的沟通协调等情况仍有存在，行政程序合法性难以保障。

调研发现，苏南地区社会组织之间，社会组织与政府、社区以及企业单位等主体治理边界模糊，甚至出现相互交叉的现象，给社会组织参与社会治理带来主体的边界困惑。针对目前行业管理与运维管理分离之后各部门的运行情况，其中存在工作中部分边界不够清晰的问题。对于一些具体的争议事项，往往依靠部门之间的沟通协调，没有形成协调保障机制。同时，社会组织之间出现信息对接错位、脱节的情形，加之缺乏充分有效的沟通，导致行政职能履行不全面、不及时。另外，社会组织改革带来岗位设置调整，出现部分人员没有转隶到位、岗位设置与执法人员不匹配等人员转隶和职能融合方面的新问题。另外，对于同一社会组织管理事项，因受不同法律规范调整，不同社会组织都具有一定的管理或处置职能，形成组织之间行政管理职能竞合，而机构改革在制定"三定方案"时也无法关注所有行政和行业管理职能内容，导致部门之间出现相互推诿扯皮的现象。

二、社会组织参差不齐导致整体治理水平不高

苏南地区社会组织发展整体态势良好，但也存在参差不齐的问题。在经济学上，"劣币驱逐良币"就会导致逆向淘汰问题，而苏南地区社会组织管理制度仍有不完善的地方，这就为社会组织领域逆向淘汰提供了土壤。在"您认为当前社会组织参与社会治理存在的问题有哪些？（可多选）"这一问题中，回答"社会组织定位不明确"的占比59.31%、"制度机制不完善"的占比53.79%、"专业队伍良莠不齐"的占比60%、"开展服务活动内容与百姓需求脱节"的占比37.93%、"形式主义大于实质内容"的占比51.03%（见表4-3）。由此可见，苏南地区社会组织在发展中面临的问题不少，社会组织参差不齐现象普遍存在。

表4-3 您认为当前社会组织参与社会治理存在的问题有哪些？（可多选）

选项	比例
社会组织定位不明确	59.31%
制度机制不完善	53.79%
行政命令过强，政府干预过多	38.62%
专业队伍良莠不齐	60%
参与社会治理的深度不足	59.31%
工作方式方法灵活性不足	55.86%
开展服务活动内容与百姓需求脱节	37.93%
形式主义大于实质内容	51.03%
其他	1.38%

根据对 2008 年至 2021 年社会组织发展数据所进行的研究发现，目前，中国社会组织增长速度放缓，其发展正式步入"提质增效"阶段。同时，相关数据也表明，中国第三产业已超 GDP 的 50%，"中央部署—社会共识形成—技能产业链条"将是一条社会组织创新的事业链。社会组织作为参与社会治理的重要主体之一，在扩展社会服务供给、推动慈善公益落地、弥补市场不足和承接政府职能转移方面发挥着重要作用，但同时也面临着诸多困境。主要表现为：社会组织工作人员专业化、职业化程度尚需提升；社会组织内部管理不够规范、治理架构有待完善；社会组织资源渠道较为单一，未建立起多元主体参与的合作网络。对于社会组织在此发展阶段面临的问题，主要原因在于支持偏弱而管控偏强、自主偏弱而干预偏强、社会化偏弱而行政化偏强。作为中国改革开放的前沿阵地，近年来，苏南地区在降速提质的大背景下，探索社会组织参与社会治理的创新路径，包括完善综合监管体系、构建社会组织协商体系、推动社会组织参与市场治理、提升市场活力、提升专业服务、补足治理短板、整合资金资源、大力培育发展社区社会组织中心下沉等。但是，社会组织发展的参差不齐，以及社会组织与其他主体之间的治理边界模糊等问题的普遍存在，导致社会组织发展受阻，严重影响了社会组织治理效度。这也是为什么在调研中部分受访者认为社会组织参与社会治理"形式大于内容"和"形式主义"的原因。

三、经济支持度与区域经济发展不相协调

薪酬是吸引人才、激励人才、留住人才的重要手段，也是社会组织人才队伍建设的重要保障。改革开放以来，随着社会主义市场经济体制的建立和完善，大多数社会组织根据相关法律法规，建立了以岗位为基础的薪酬管理制度。社会组织从业人员"五险一金"制度不断推广，各类补充保险积极探索。调研发现，苏南地区尚未形成与社会组织从业人员相适应的薪酬管理体系。目前，苏南地区大部分社会组织的资金来源主要依靠项目化支撑，即政府购买服务获得经济来源，从而导致社会组织独立性丧失，对政府依赖性加

大。例如，在"您认为社会组织参与社会治理过程中独立性、自主性如何？"
问题中，回答"完全依赖政府"和"部分依赖政府"分别为 11.03% 和
65.52%，占合计人数近 2/3（见表4-4）。

表4-4 您认为社会组织参与社会治理过程中独立性、自主性如何？

选项	比例
完全依赖政府	11.03%
部分依赖政府	65.52%
不依赖政府	11.03%
没有独立性和自主性	11.72%
其他	0.69%

事实亦是如此，走访苏南地区社会组织发现，社会组织从业人员薪酬水
平总体偏低，缺乏激励，吸引力不足，这与苏南经济整体发展水平不匹配。
一些社会组织薪酬管理存在分配不公平、发放不规范等问题，有的甚至还存
在有法不依现象。薪酬问题已成为近年来社会组织从业人员反映最集中、最
突出的问题。根据中共中央、国务院关于构建和谐劳动关系以及薪酬改革的
有关精神，社会组织应合理确定从业人员薪酬水平，改进薪酬管理，建立健
全薪酬水平正常增长机制，以更加有力的举措建设一支与社会组织发展相适
应的数量充足、结构合理、素质优良、甘于奉献的专业人才队伍。社会组织
应根据所处业务领域的整体薪酬水平，参考所在地人力资源社会保障部门发
布的工资指导价位制度和工资指导线，以及行业薪酬调查报告发布的劳动力
市场指导价位，就工资收入水平和调整幅度等事项，与从业人员进行平等协
商，并在协商一致的基础上签订工资协议，确保从业人员薪酬水平与经济发
展水平相协调、与劳动生产率提高相适应。

调研中，一些社会组织一再呼吁，应尽快加强和改进社会组织薪酬管理
体制，服务于社会组织人才队伍建设。呼吁应以岗位绩效为导向，以规范化

为基础，以制度建设为重点，不断提高薪酬管理的科学化水平，建立健全与社会组织发展水平相适应的薪酬管理体系。地方政府应坚持注重效率与维护公平相协调，使社会组织从业人员既有平等参与机会又能充分发挥自身潜力；坚持不断激发社会组织活力，建立健全社会组织从业人员薪酬水平正常增长机制；坚持物质激励与精神激励相结合，充分调动社会组织从业人员的积极性、主动性和创造性。

四、应对突发事件能力不足

突发事件应对是国家治理体系和治理能力的重要组成部分，社会组织参与突发事件治理，可以承担防范化解重大安全风险，及时处置各类自然灾害、事故灾难、公共卫生事件的重要职责。调研发现，苏南地区和全国其他地区一样，在长期应对各类突发事件的实践中，形成了以各级政府为主导的应急处置模式，为保护人民生命财产安全，维护国家安全、公共安全、环境安全以及社会秩序发挥了重要的作用。而社会应对突发事件的能力相对不足。首先，参与意愿不强。调研发现，在一些重大突发事件中，部分社会组织虽然一直给予高度关注，但由于缺乏社会组织参与的法律依据，社会组织参与意愿不强。因此，大多社会组织只是默默地旁观，没有发挥任何积极作用。换言之，社会组织长期游走于政府和市场之间，自身定位不清，社会角色模糊，社会职能淡化，导致其在参与社会公共事件治理中信心不足，参与意愿不强烈。其次，参与水平不高。专业化的参与方式是社会组织介入社会公共治理的长处和优势，这也是社会组织之所以能够在市场和政府两个要素失灵的情况下凸显其作用的主要原因。专业化的程度反映着社会组织的参与水平。但是，综观我国社会组织参与突发事件案例不难发现，我国社会组织在社会公共事件治理的参与中普遍水平不高，其主要原因是社会组织专业人才的匮乏。苏南地区社会组织参与突发事件治理水平不高的另一个原因就是缺乏足够的、必要的资金支持。目前，我国社会组织没有稳定的资金来源和足够的财政支持，大多数的社会组织只能依赖社会捐助和企业赞助等形式获取一定的支持。但是，我国捐助事业还不发达，整个社会的捐助意识和慈善意识还有待提高，加上社会组织自身面对市场谋生盈利的手段、能力和方式又十分有限，必然导致部分社会组织在参与大型社会治理时受制于自身资金状况而难以深入，直接导致社会组织参与水平不高，无法在群体性事件的预警、对抗和善后等各个阶段全面发挥作用。再次，参与深度不够。社会组织几次参与突发事件治理，其参与深度明显不够。调研发现，大多社会组织只是在事件的某一个阶段可以发挥作用，而缺乏全程参与的成功案例。因此，我国社会组织在应对群体性事件时专业化水平不高，其所应该具备的技术和专业能力有待提高。最后，社会公信力低。调研发现，人们对社会组织普遍缺乏信任感。一方面，社会组织的发展离不开一定的社会结构和文化土壤，而我国长期形成的"强政府、小社会"的社会结构及依附性文化使人们根本不相信社会组织能够在社会公共治理中发挥作用，人们更多的是对其敬而远之；另一方面，我国社会组织在发展的过程中出现了半官方身份、缺乏独立性、志愿精神和公益精神不强，以及较强的官僚化和商业化倾向等问题，使得民众对其公益宗旨产生怀疑。社会公信度的降低使得非政府组织参与突发事件治理缺乏广泛的社会基础和深厚的民众根基。

第三节　苏南社会组织治理困境的原因分析

苏南社会组织参与社会治理面临困境的原因是多方面的，既有政治、经济、文化以及地域特点等客观原因，也有苏南社会组织自身发展存在的问题。

第一，工作方式落后单一，参与社会治理力有不逮。社会治理需要不断创新工作方式，但在苏南地区，工作方式比较落后，社会组织的参与力度不够。第二，社会治理服务工作流于表面，参与社会治理的深度与广度不足。社会治理服务需要深入社会的各个领域，但在苏南地区，社会治理服务工作往往只停留在表面，深度和广度不够。第三，专业队伍良莠不齐，参与社会治理的效果性不明显。社会治理需要专业的人才来支持，但在苏南地区，专业队伍良莠不齐，导致社会治理的效果不明显。第四，多元利益难平衡，实务工作易陷伦理困境。社会治理需要平衡各方利益，但在苏南地区，多元利益难以平衡，导致实务工作易陷入伦理困境。

综上所述，苏南地区社会组织参与社会治理过程中，存在着行政命令方式推动工作、制度机制不完善、工作方式落后单一、社会治理服务工作流于表面、专业队伍良莠不齐、多元利益难以平衡等问题。解决这些问题，需要政府、社会组织、企业和个人等多方面的参与，共同推动社会治理的发展，提高社会治理的效果和质量。

一、行政因素的干扰

社会治理是一个复杂的系统工程，需要政府、社会组织、企业和个人等多方面的参与。但行政干预却是苏南地区社会组织参与社会治理面临的主要问题。调研发现，在社会治理过程中，政府往往采取行政命令的方式来推动社会组织的工作，这种方式容易导致社会组织被动参与，缺乏主动性和创造性。

众所周知，在传统的社会治理中，政府是单一的治理主体。政府权力的"越位"、驻区单位职能的"错位"、居民与社会组织的"缺位"，使得复杂多元的社会问题难以得到有效解决。① 党的十六届三中全会以来，"社会治理"成为一个热点议题被不断提及，从社会管理到社会治理，实际上就是强调从自上而下的管理模式转向上下互动、双向结合的治理模式。② 据此可知，引导社会组织参与社会治理，形成协同共治的良好治理格局，实际上就是要

---

① 杜玉华，吴越菲. 从"政社合作"到"互嵌式共治"：社区治理结构转型的无锡实践及其反思 [J]. 人口与社会，2016, 32 (1)：4-13.

② 李路路. 新阶段新理念：从"社会管理"到"社会治理" [N]. 中国社会科学报，2013-12-02 (2).

以公共利益为核心，促成政府与社会组织间平等的合作关系。然而，长期以来，我国一直存在"强政府、弱社会"的思想惯性，这导致行政权力深深根植于基层社会生活的各方面。加上区域性社会组织起步较晚，其社会公信力还相对较弱，政府在无形间占据主导地位。

因此，在苏南地区社会组织参与社会治理的过程中，社会组织只能依附于行政部门，协助政府开展各项服务与活动。这就造成治理实践中，社会组织的独立性较差，过度依赖政府，导致其在参与事务处理时"被行政化"。一些社会组织甚至成了政府机构的下属单位或附属机构，这种情况严重损害了其独立性与自主性。因此，社会组织无法真正以社会力量参与社会治理，也阻碍了其在现代化进程中能力的有效发挥，从而影响了社会组织治理活动的有效展开。

调研发现，即便在苏南这种经济发达地区，大多社会组织与政府合作关系仍是单向的、纯粹的依赖关系。换言之，在苏南地区，社会组织对行政资源仍然有着相当的依赖性。正如有学者指出的那样："长久以来与政府的合作形成了渊源较深的人际关系网，导致其对政府资源形成了明显的偏好性消费。"[①] 政府在其活动过程中表现出支配性的特征，而社会组织则带有附属性的特征，这使得社会组织更加注重政府的号召和需求，而忽视了群众的需求。虽然自 2016 年以来，苏南地区的社会组织和政府已经采取了一系列措施，如行业协会与行政机关脱钩等，但是不可否认的是，苏南地区的各个社会组织仍然过度依赖政府的支持，特别是在资金和资源方面。调研中发现，社会组织参与实践中，其服务项目及社会活动开展的依据是基层行政部门的规划，社会组织无法发挥其能动性，只能机械地接受与实施。与此同时，社会组织活动的开展大多是以行政部门的主观意愿为指引，从而造成政府部

---

① 彭菲，吕龙，周霖丽. 成都体育社会组织与政府合作治理创新模式研究 [J]. 经济师，2018（6）：43-45.

门、社会组织以及服务对象需求间存在一定偏差，使之无法合理有效地衔接。①

二、制度支持的不力

制度机制不完善、参与社会治理格局受限是导致苏南地区社会组织参与社会治理困境的又一个原因。社会治理需要有完善的制度机制来保障其顺利进行，但调研发现，在苏南地区，由于制度机制尚有待进一步完善，社会组织的参与受到了一定的限制。

随着社会组织的发展，我国社会组织的制度安排也不断完善。针对社会组织参与社会治理问题，我国已经制定了一系列法律制度。管理制度方面，主要有《外国商会管理暂行规定》（1989 年）、《基金会管理办法》（1988 年）、《社会团体登记管理条例》（1998 年）、《民办非企业单位登记管理暂行条例》（1998 年）等国务院颁布的几个主要规章制度。依据以上规定，我国社会组织实行"归口登记""双重负责"的管理体制，从登记注册、形式审核、经费开支、组织章程到具体的业务开展，都有着严格的程序和较高的准入门槛。"双重负责"要求社会组织在遵守国家相关法律的同时还要接受登记管理机关和挂靠业务主管单位的双重监管，这一措施虽然可以强化对社会组织的领导和监管，但也在一定程度上导致社会组织活动空间的减少，很多业务因此受限而无法开展。因为"这种双重管理原则的设定也为很多的非政府组织设置了相当高的门槛，使得大批活跃在民间的非政府组织被拒之于合法登记的门槛之外，难以在群体性事件治理中发挥其应有的效能"②。而在法律制度层面，我国先后制定了《社会团体登记管理条例》《基金会管理条例》《慈善法》《志愿服务条例》《中华人民共和国民法典》等。这些法律法规的

---

① 张立辉，高红萍. 党建引领社会组织参与城市多民族社区发展治理研究：以成都市洗面桥社区为例 [J]. 民族论坛，2020（1）：86-91，97.

② 胡海. 我国的非政府组织与群体性事件治理 [J]. 湖南大学学报（社会科学版），2011，25（4）：48.

颁布，初步构建了我国社会组织参与社会治理的法律法规体系，并发挥了重要作用。但不足之处在于，"迄今为止还没有一部社会组织基本法，导致既缺乏保障其权益的法律规范，也缺乏规制社会组织与其他组织及个人之间的权利义务关系的法律规范"①。

质言之，虽然苏南地区在"放管服"改革方面走到了全国前列，将一些社会职能下放给社会组织，但是，地方政府对社会组织的"管"仍然大于"治"，社会组织的主体地位尚未得到充分落实。政府向社会组织下放的社会治理权力不足，导致政策上存在帮扶不足、购买服务项目数量有限、财政资金扶持不足、税收减免难以落实等问题。因此，社会组织未能得到政府的有效支持，"共建共治共享"的社会治理格局尚未完全形成。

三、治理机制的不足

走访考察发现，在苏南地区，社会组织参与社会治理的状况呈现出喜忧参半的局面。虽然诸多观念、制度、体制和机制等是推动社会组织参与社会共治的重要因素，但仍不能忽视社会组织治理方式单一带来的影响。社会组织参与社会治理方式单一主要表现在社会组织内部运作方式、品牌建设不足和筹资能力不够三方面。

第一，运作方式落后。大多数社会组织获取外部资源的能力有限，因此，对政府购买服务存在单方面过度依赖，以迎合政府的意图和需要为出发点来设计项目，从而导致公众满意度不高、服务项目可持续性不强。在这种情况下，部分社会组织只能以部分独立性和自治性为代价参与社会治理。运作方式的落后和单一，影响了社会组织的独立性和自治性，以及其在社会治理中独特作用的发挥，降低了社会组织的活力，也延缓了政府自身职能转变的进程。② 同时，从社会组织运作的基本方法来看，职业化和专业化的社会

---

① 激发社会组织活力 营造社会治理新格局 [EB/OL]. 中国治理网，2018-04-04.

② 马立，曹锦清. 社会组织参与社会治理：自治困境与优化路径：来自上海的城市社区治理经验 [J]. 哈尔滨工业大学学报（社会科学版），2017，19（2）：1-7.

工作方式有待加强。职业化、专业化运作方式的缺失和不足，直接导致社会组织在组织文化与市场经济相适应的公民意识、自治观念、法治观念、公益精神等方面支持薄弱，没有形成组织独特的文化精神。① 第二，品牌意识建设落后，社会组织感召力欠佳。社会组织公益服务品牌意识缺失直接影响到社会组织参与社会治理的水平和质量。公益服务品牌，是指社会组织开展的具有公益性、标志性的服务项目或活动。其特点是，彰显公益精神、体现核心业务、运行管理规范、"品牌"效应突出。② 调研发现，部分社会组织正面临着信任危机和声誉流失的困境。面对社会组织提供的在质量和价格上差别很小的服务或公益行为时，政府、捐赠者、服务对象、志愿者等公众更愿意将财物或爱心献给具有良好品牌形象的组织。③ 通常，专业产品是品牌化的关键，公益品牌建设的核心是公益产品，专业性决定了公益产品的社会效果。④ 总的来看，我国目前具有品牌效应的社会组织比例很低，这与组织的品牌意识缺失息息相关。品牌意识缺失降低了社会组织在社会治理中的"识别度"，也无法吸引更多的资金和资源，直接削弱了社会组织在社会治理中的组织动员能力。⑤ 第三，筹资渠道单一，社会资源动员力不足。资金是社会组织最基本的资源之一。缺乏资金的社会组织无法开展正常的活动，也难以吸收足够的专业人才，严重影响其参与社会治理的能力。苏南地区社会组织的筹资渠道较为单一且政府资助倾向性明显，获取自创收入的能力较弱。过分依赖政府的结果是社会组织缺乏提高效率的竞争机制，既加重了政府的财政负担，又有意无意地助长了社会组织的行政化倾向，不利于其组织职能

① 戴海东，蒯正明. 社会组织参与社会治理过程中存在的问题与对策：基于对温州社会组织的调查分析 [J]. 科学社会主义，2014（2）：106-109.
② 李松龄. "档案见证北京"文化讲堂荣获公益服务品牌奖 [J]. 北京档案，2015（1）：18.
③ 左敏. 我国非营利组织品牌构建初探：基于公众感知与品牌形象互动的视域 [J]. 湖北经济学院学报（人文社会科学版），2016，13（4）：53-54.
④ 高一村. 中国基金会品牌建设进行时 [J]. 中国社会组织，2015（9）：8-9，1.
⑤ 周学荣. 社会组织参与社会治理的理论思考与提升治理能力的路径研究 [J]. 湖北大学学报（哲学社会科学版），2018，45（6）：109-115.

的发挥。苏南地区很多社会组织由于其资金来源的主渠道是政府的财政拨款，其所拥有的经费非常有限；有的社会组织由于经费太少而难以为继，部分组织活动停滞，陷入瘫痪。① 虽然各类捐赠在社会组织收入中也占据重要作用，但受困于陈旧的劝捐理念和滞后的劝捐手段，企业与个人捐赠比重都非常小，限制和削弱其对志愿者的汲取和动员能力。因此，社会组织在社会资源动员上尚有较大发展空间。②

四、志愿性不足

国外的经验和社会治理的实践告诉我们，社会组织在社会各个领域和事件发展的不同阶段都能发挥重要作用，而且，参与越深入治理效果越好。但调研发现，苏南地区社会组织参与的深度和广度都明显不够。大多只是在一些重大突发性事件中出现，缺乏全程参与的成功案例。社会治理牵涉许多方面，如公共医疗、科教文卫、就业服务、社会治安、社区治理等。近年来，随着社会组织的发展，其活动范围也得到了一定的拓展，涉及科教文卫、环保医疗、法律工商服务等各个领域。然而，不同类型的社会组织在实际参与社会治理的广度和深度上也存在差异。有些社会组织的参与范围非常有限，其横向幅度和拓展面也比较狭窄，往往局限于某一方面，难以展开，参与社会治理的广度实际上非常有限。另一些社会组织由于自身能力的局限，成员水平的参差不齐，无法深入介入，参与治理的范围也无法全面涉及，治理过程中向纵深拓展难以实现。这些现象制约了社会组织在社会治理中的整体水平。

参与深度和广度不够的主要原因是大部分社会组织与专业化、职业化等要求之间存在较大差距。专业人才总量偏少，专业化水平不高，缺乏相应的

---

① 戴海东，蒯正明. 社会组织参与社会治理过程中存在的问题与对策：基于对温州社会组织的调查分析 [J]. 科学社会主义，2014（2）：106-109.

② 杨丽，赵小平，游斐. 社会组织参与社会治理：理论、问题与政策选择 [J]. 北京师范大学学报（社会科学版），2015（6）：5-12.

专业知识和工作技能，是苏南地区社会组织的普遍现象。由于社会组织的人才队伍建设与专业化要求之间存在较大差距，一些社会组织在参与社会治理时会出现动员能力差、行动迟缓、不能很好地链接社会资源等现象，这些行为表现导致社会组织的治理能力无法有效发挥。由于整体水平不理想，个体能力千差万别，社会组织在某些领域或服务的对接与合作中无法充分发挥其作用，使得组织的社会活动效果大打折扣，最终降低了社会组织服务活动的专业性。调研发现，苏南地区社会组织中专职人员所占比例较低，尤其是专业素养与技术水平相匹配的适应时代需求的复合型人才占比更低，尤为紧缺。成员中很大一部分为兼职人员，稳定性较差，对于社会组织内部工作所需的持续性产生负面影响。人才队伍专业化水平低下、专业人才流动性大等也是直接影响社会组织参与社会治理的深度和广度不够的重要原因。

五、社会组织公益性伦理困境

志愿性、独立性与公益性是社会组织的最主要属性特征，也是社会组织区别于其他组织的身份标识。但调研发现，即便在经济发达、伦理文化底蕴深厚的苏南地区，社会组织依然面临伦理困境——人们对社会组织普遍缺乏信任感。造成这一结果的原因，一方面，由于社会组织的发展离不开一定的社会结构和文化土壤，人们不相信社会组织能够在社会公共治理中发挥作用；另一方面，我国社会组织在发展的过程中缺乏独立性，志愿精神和公益精神不强，以及较强的官僚化和商业化倾向等问题，使得社会公信度的降低，缺乏广泛的社会基础和深厚的民众根基。事件发生时，民众更多的是将希望寄托在政府身上，而对非政府组织常常不给予足够的重视和信任。① 换言之，社会组织参与社会治理普遍存在信任危机。一是社会组织提供的表达机制平台没有权威性，难以争取到民众的信任；二是社会组织资源有限，不能最大化地满足各种社会群体的公共需求。要解决这些问题，需要社会组织

---

① 刘俊. 我国非营利组织参与公共危机管理的现状与对策 [J]. 金卡工程（经济与法），2009, 13 (11)：221-222.

与政府、社区和特殊群体等建立一个沟通便利、信息畅通、相互信任的多元主体协同治理机制。

换言之，随着社会需求的个性化、多样化发展，基层社会治理离不开政府、企业、社会组织等治理主体之间的长效合作机制的建立。调研发现，苏南地区多元主体合作机制的不完善，使得社会组织难以回应基层社会不断涌现的新问题和新需求，进而使其合作意识降低，深陷伦理困境。一方面，政府对社会组织的具体工作不够了解，社会组织对政府的文件条款不太理解，双方仅仅在一些有限的场合有所交集，信息难有交互，导致合作办事的效率低下；另一方面，社会组织行业内部的"行业壁垒"严重。调研发现，社会组织由于资源竞争，"内卷化"严重，社会组织大多"各扫门前雪"，各领域甚至同一服务领域的社会组织都少有深度的信息共享和业务交流。因此，苏南地区一些社会组织"各自为战"，不能联结成一条连贯的治理链条，这导致社会组织参与社会治理水平不高、效果不强，进而影响社会治理的发展和水平，其潜在力量难以被激发。

当然，信任机制匮乏也是不可忽视的因素。调研发现，在苏南地区社会组织参与基层社会治理的过程中，政府往往抱有一种既支持又质疑的态度。在这种矛盾的心态下，政府既寄希望于通过购买服务把一部分公共服务事项让渡给有资质的社会组织，又质疑其参与共治的水平和质量。这种心理在具体实践中常常表现为"该管的没管，不该管的管了"的权责不清状态。以至于在社会治理中，政府与社会组织的步调不一，难以协调，双方缺位、越位、错位的问题经常发生。另外，信息交流不畅，且缺乏共享机制是导致社会组织伦理困境的又一因素。尤其是我国基层社会治理从单一电子政务到数字智慧治理转型的今天，面对基层社会治理日趋复杂的现状，大数据平台等信息技术应该在治理过程中发挥更大作用，从而避免造成社会组织信息不对称，难以发现信息实时共享带来的信息盲区，从而增加社会组织参与社会治理的伦理风险。

第五章

角色调适：苏南社会组织参与社会治理的角色定位：以重大突发事件为例①

重大公共突发事件是指突然大范围发生，造成重大人员伤亡、财产损失、生态环境破坏和严重社会危害，危及公共安全的紧急事件，具有突发性、大规模性、复杂性、危害性、难以预测性等特点。② 2001 年美国"9·11"恐怖事件、2014 年西非埃博拉病毒、2003 年我国"SARS"事件、2008 年汶川大地震和 2019 年新冠疫情都是典型的重大公共突发事件。由于重大公共突发事件形成和演绎的多元性、复杂性和不确定性，传统治理方式和单一主体很难实现有效应对，多元主体协同共治渐成学界共识。在这一背景下，社会组织借由独特的资源禀赋优势逐渐走向治理中心，成为重大公共突发事件不可或缺的重要治理角色。

从学术史分析，社会组织参与重大公共突发事件治理问题是 20 世纪 70 年代西方社会改革过程中衍生出来的学术热点。社会组织与政府、市场、公民等主体之间的责任分界和互动关系是学界持续不衰而又津津乐道的焦点。而法团主义、多元主义和结构功能主义则是解释这一问题的理论圭臬。多学科研究认为，社会组织的"组织性、非政府性、非营利性、自治性、志愿

① 本章节内容已由课题组成员作为前期研究成果发表。梁海娜，李红亮. 协同共治：社会组织参与重大公共突发事件治理的角色定位与调适 [J]. 江苏师范大学学报（哲学社会科学版），2023，49（2）：83-92，124.

② 陆亚娜. 重大突发公共事件中政府与第三部门的协调应对研究 [D]. 南京：南京师范大学，2013.

性"等特征①可以有效弥补"政府失灵""市场失灵"和"契约失灵"造成的治理真空，发挥配合补位、多元协同作用。"9·11"恐怖事件后，西方学界对社会组织参与公共突发性事件治理的探索发生重大转向，研究趋于务实，重点集中在社会组织协同共治角色的功能、策略、问题以及政策等方面。

在国内，学界关于社会组织参与重大公共突发事件治理的研究始于 2003 年"SARS"事件，繁盛于 2008 年"5·12"汶川大地震。围绕社会组织与其他主体（主要是政府）之间的关系，学界立足"中国之治"宏大叙事，构建了社会组织协同共治的理论谱系和解释框架。尤其是近年来，随着打造"共建共治共享"社会治理格局的提出，社会组织协同共治角色价值得到充分的学术挖掘，相关研究再现峥嵘，成果丰硕、范式多元，呈百花齐放态势，初步形成了新时代社会组织参与公共突发事件治理研究的"中国理论"和"中国学派"。从实践逻辑分析，虽然 20 世纪 80 年代，风靡全球的"结社革命"浪潮已推动社会组织登上社会治理舞台。但由于传统治理文化的束缚，我国社会组织在相当长的一段时间里仅仅充当政府拾遗补阙的角色，其治理效能和潜能没有充分释放，甚至在某些重大公共突发事件治理中，被质疑"就其可以发挥的作用而言，中国 NGO 的发展远远不够"②。以至于在 2008 年南方雪灾公共突发事件中，人们发出"NGO 为何未发挥出更大力量"③ 的疑问。直到 2008 年汶川大地震，社会组织凭借其专业化救援手段和独特的资源整合方式深度参与抗震救灾，表现出强大的协同治理能力，以此为契机，社会组织治理角色被"再发现"和"再认识"，并开始正式走进政策文本。2013 年，《国务院机构改革和职能转变方案》为社会组织参与社会治理开启了"顶层制度设计"。2014 年，财政部、民政部等部门联合颁发的

---

① SALAMON L M, ANHEIER H K. The Emerging Nonprofit Sector: An Overview [M]. Manchester: Manchester University Press, 1996.
② 王名，贾西津. 中国 NGO 的发展分析 [J]. 管理世界，2002（8）：30-43，154-155.
③ 詹奕嘉. NGO 抗击雪灾：回顾与反思 [J]. 中国减灾，2008（4）：16-17.

《政府购买服务管理办法》，为社会组织参与社会共治做出了"具体制度安排"。党的十九大关于"打造共建共治共享的社会治理格局"和十九届四中全会关于"国家治理体系和治理能力现代化"的提出，则为社会组织参与重大公共突发事件治理提供了法理依据。2020 年岁首，习近平总书记在中共中央全面深化改革委员会第十二次会议的重要讲话，则为社会组织参与重大公共突发事件治理指明了方向。

可见，近年来，我国社会组织参与重大公共突发事件治理不仅得到了理论层面的深刻诠释和推演，而且经历了治理实践的丰富检验，是我国社会治理"摸着石头过河"探索的重要成果，得到了理论与实践的双重确证。但在重大公共突发事件治理中，稳步"走近治理中心"的社会组织究竟应该承担什么治理角色，其角色定位是什么，却是一个悬而未决而又颇有争议的理论难题。美国社会学家米尔斯（Charles Wright Mills）说，我们只有"把一定社会现象置于特定历史和社会结构的网结点上，才能更好地理解特定的社会历史现象"。为此，本章以新冠疫情为例，探讨社会组织在重大公共突发事件这一"网结点"上的角色定位、现实困境及其优化等问题，以期破解社会组织治理"最后一公里"角色困境。

第一节　协同共治：社会组织参与重大突发
公共事件治理的角色应然

英国社会学家格里·斯托克（Gerry Stoker）在《社会学想象力》中指出，治理意味着在寻求解决方案过程中，不同治理主体之间存在着界限和责任层面的模糊性。① 但跨界共治的模糊并不代表各主体之间角色定位的模糊。党的十九届四中全会提出："完善党委领导、政府负责、民主协商、社会协

---

① 格里·斯托克，华夏风. 作为理论的治理：五个论点 [J]. 国际社会科学杂志（中文版），1999（1）：19-30.

同、公众参与、法治保障、科技支撑的社会治理体系"，从而明确了不同主体在治理场域中的角色定位。社会组织的角色定位既非"领导"，也非"主导"，更不是"单打独斗"，而是"协同共治"。这一角色定位既是社会组织自身特点使然，也是由"中国之治"内在逻辑决定的。协同共治的角色定位要求，社会组织在重大公共突发事件中必须做到"到位不越位、添彩不添乱"，成为党委的响应者、政府的配合者、公众的组织者、法律的遵守者、技术的先行者和奉献的志愿者。

一、党委的响应者

在重大公共突发事件治理格局中，各级党委居中指挥，担当总揽全局、协调各方的领导角色。社会组织必须坚守协同共治角色定位，秉持"全国一盘棋"原则，服从指挥和统一调度，在党的统一领导下参与社会治理。新冠疫情暴发之初，党中央成立应对疫情工作领导小组，向全国发出了最强"动员令"。全国各地的红十字会、慈善总会、青少年发展基金会，以及各级各类行业协会、志愿机构等社会组织积极响应。据调查，在各级党委领导下，超过一半的社会组织（51.79%）以不同形式参与抗疫行动。其中，17.86%的社会组织捐款，22.32%的社会组织捐物，18.75%的社会组织开展线上救援行动，5.36%的社会组织开展线下救援行动，6.70%的社会组织以其他方式参与救援。①

二、政府的配合者

社会治理格局中，政府是发挥主导作用的治理主体。但主导并不意味着政府一元治理，而需要其他主体协同配合。尤其是在重大公共突发事件治理中，"政府固有的公共政策刚性会使得其在部分领域和某些时段上的应对工

① 疫情之下，社会组织在行动：北京社会组织应对疫情状况调查报告 [EB/OL]. 北京市协作者社会工作发展中心，2020-03-10.

作缺乏灵活性和实时性"①。因此，社会组织在重大公共突发事件中的角色定位是协同政府治理，充当"及时补位的帮手"和"积极配合的助手"，使政府主导下的治理活动实现政策落地、开花结果，解决社会治理"最后一公里"难题。此次疫情防控中，社区、妇联及养老助残类社会组织结合自身特点，配合政府关注老年人、婴幼儿等易感人群的支持陪伴、情绪疏导和心理辅导等工作。而志愿服务类社会组织则主动链接物资和服务资源，协同各级政府积极开展疫情防控宣传、交通管制、人员排查和信息分析等，很好地发挥了"协同者"作用。

三、公众的组织者

在重大公共突发事件中，居于中观层面的社会组织一头连接着党委和政府，是各级党委和政府的积极响应者和协同者，另一头联系着各行各业和广大基层民众，是广大民众的天然代言人和组织者。社会组织能够"充分体现柔性的社会动员性，在一些时候也会帮助政府在战斗面前实现'微笑'的强制力，保证一些强制性防控措施能够得到人民群众的充分理解和主动参与"②。因此，社会组织是重大公共突发事件治理链中不可或缺的"桥梁"和"中介"，是政策落地的执行者和基层民众的组织者。

四、法律的遵守者

重大公共突发事件治理具有主体多元化特征，行政权力、基层力量、社会组织、广大民众等互动关系错综复杂，而这种关系的规范和调整都离不开法律的引导与规制。"法治具有系统性、规范性、稳定性，没有法治就没有

---

① 张强. 如何定位基金会在疫情应对中的角色和工作路径？［EB/OL］. 中国发展简报，2020-02-12.

② 张强. 如何定位基金会在疫情应对中的角色和工作路径？［EB/OL］. 中国发展简报，2020-02-12.

善治。"① 社会组织参与重大公共突发事件治理必须在现有法律框架下依法参与，做"规则的遵守者"。否则，社会组织不仅无法有效践行自身角色使命，实现协同共治，而且难以获得合法性认同。此次疫情防控中，大多数社会组织能够严格遵守国家法律法规以及《中华人民共和国突发事件应对法》《中华人民共和国传染病防治法》等相关规定，根据疫情发展需求确定募捐方案，筹集疫情防控物资；各行业协会商会自觉规范行业行为，遵守《中华人民共和国产品质量法》《中华人民共和国价格法》等法律法规，依法诚信经营，积极维护市场秩序，确保疫情防控期间社会的有序稳定。

五、技术的先行者

重大突发公共事件具有复杂性、多变性和多层次的"长投影型危机"特征，传统技术治理手段很难从容应对错综复杂的重大公共突发事件。"春江水暖鸭先知"，处在重大公共突发事件治理最前沿的社会组织最具有技术创新的需求和冲动，是治理手段和方式变革的"试水者"和"先行者"。例如，服务模式上，阿里巴巴公益基金会推动在线义诊，阿拉善 SEE 基金会开发疫情在线地图；病毒检测方面，各地社会组织开发了大数据疫情防控系统和红外线自动监测设备，实现流动人口的自动化筛查甄别；疫情管控方面，社区组织的网格化管理把每位社区居民都定格到"经纬交错"的"网格"上，实现基层管理精准化。

六、奉献的志愿者

志愿性是社会组织的天然责任和内生性冲动，也是社会组织获取协同共治角色身份的重要原因和参与方式。在重大公共突发事件治理中，社会组织是积极奉献的志愿者，发挥公益性、志愿性作用，与其他主体一道形成统筹协调、有序协作的"治理合力"。在新冠疫情防控中，广大社会组织积极发

---

① 柴振国，潘静. 社会治理创新的法治路径［N］. 人民日报，2014-11-17（7）.

扬志愿精神，在物资援助、资金募捐、技术服务、专业支持、扶弱帮困、心理康复、社区防控等方面主动跟进，表现出强大志愿功能。例如，武汉市洪山区乐达社会工作服务中心自疫情防控工作开始以来，依托洪山街社工服务中心，与社区工作者合作，"为辖区居民提供科学防疫知识宣传、心理压力与情绪疏导及网络舆情正向引导等线上服务"①。各地慈善组织更是闻风而动，积极开展慈善募捐活动。仅北京地区 448 家社会组织就为抗击疫情贡献了价值超过 3 亿的捐款和物资，而其线上、线下抗疫行动所带来的价值和影响更是难以估量。②

第二节　社会组织协同共治的"结构性障碍"

如上分析，协同共治是社会组织在重大公共突发事件治理中的角色定位，也是人们对社会组织的角色期待。但这种角色期待并非具有天赋性和自洽性，而是由社会组织本身所在的治理结构和所具有的治理功能以及由此产生的治理行为决定的。事实上，治理场域中社会组织的角色体验并非一帆风顺，而是经常陷入角色冲突、角色错位、角色偏差，甚至角色失败等治理困境。针对这一问题，目前，学界主要有两种分析进路：一种从"双重管理体制"和"依附式发展模式"等角度切入，分析影响社会组织角色功能的"结构性"因素；另一种从行动者（社会组织）"内生性"层面出发，探讨社会组织协同共治角色能力的不足。③ 笔者认为，社会组织协同共治的角色困境既有"结构性"因素的束缚，也有"内生性"要素的影响，是二者共谋的结

---

① 武汉市社会工作参与抗"疫"服务专题［EB/OL］. 中社社会工作发展基金会，2020-03-04.
② 疫情之下，社会组织在行动：北京社会组织应对疫情状况调查报告［EB/OL］. 北京市协作者社会工作发展中心，2020-03-10.
③ 陆亚娜. 我国第三部门参与应对突发事件的"阿基里斯之踵"及其消解路径［J］. 江苏社会科学，2015（6）：116-122.

果。为此，本书从"结构性"和"内生性"两个层面分析社会组织协同共治面临的角色困境。

这里的"结构"是吉登斯结构化理论语境上的含义，意指社会组织角色体验中涉及的治理结构、治理制度和治理文化。社会组织协同共治的结构性障碍主要表现在三方面。

一、非均衡性治理格局导致社会组织角色功能弱化

角色功能的强弱是由角色在治理结构中的"位置"及其"关系"决定的。从应然的角度讲，重大公共突发事件治理格局中，多元主体之间是平等的，没有主要与次要、中心与边缘、领导与服从的关系。但当下我国社会治理结构中，"强政府—强市场—弱社会"的治理结构仍然顽固存在。治理格局的非均衡性导致社会组织在治理结构中面临政府和市场的双重挤压，角色功能薄弱。重大公共突发事件所需要的强大政治动员和资源整合既离不开政府有形之手，也需要市场无形之手，政府和市场是治理结构中"主体中的主体"。社会组织只能起到拾遗补阙的"替补"作用，成为政府的"依附者"和市场的"配合者"，严重影响了其协同共治角色功能的充分发挥。

二、制度空间有限导致社会组织角色空间受限

诺思认为，制度"是一些人为设计的、形塑人们互动关系的一种约束机制。"① 但是，即便在社会组织参与社会治理已成共识并被写进政府文件的今天，"分类控制"② 的管理制度和"数量少、位阶低"③ 的法律规制仍停留在传统"管理、控制、约束"等层面，相应的制度规范与合法性机制并未及

---

① 诺思. 制度、制度变迁与经济绩效 [M]. 杭行，译. 上海：格致出版社，上海三联书店，上海人民出版社，2008：3.
② 康晓光，韩恒. 分类控制：当前中国大陆国家与社会关系研究 [J]. 社会学研究，2005（6）：73-89，243-244.
③ 哈贝马斯. 在事实与规范之间：关于法律和民主法治国的商谈理论 [M]. 童世骏，译. 北京：生活·读书·新知三联书店，2003：39.

时修正和完善，严重影响了社会组织协同共治的角色空间。尤其是面对雨后春笋般快速发展而又数量庞大的社会组织群体，迄今尚没有一部专门法律为其提供法律依据，社会组织协同共治"既缺乏保障其权益的法律规范，也缺乏规制社会组织与其他组织及个人之间权利义务关系的法律规范"①。参与机制的不完善与制度安排的滞后，使12.96%的社会组织在此次疫情防控中，"想参与，但担心有风险"②。这种束手束脚、小心翼翼、犹豫观望的行动态度严重消弭了社会组织协同共治角色功能的发挥。

三、传统治理文化导致社会组织角色体验受阻

马克斯·韦伯（Max Weber）指出，合法性是指由法律、道德、宗教、习俗和惯例等构成的合法秩序，是指一种政治秩序被认可的价值。③ 社会组织协同共治离不开制度规范等"成文法"的支持和保障，同时，也离不开社会心态、文化惯习等"民间法"的认可和尊重。作为一个民族在治理实践中长期形成并逐渐稳固下来的一种习惯和路径依赖，传统治理文化影响着社会组织协同共治的出场方式和功能发挥。在传统治理文化背景下，面对重大公共突发事件，人们更愿意相信政府，而对社会组织治理能力、水平和动机持有怀疑态度，甚至高度警惕。例如，在新冠疫情中，大多数人第一时间会想到政府，很少有人会主动求助于社会组织。而44.91%的社会组织也面临"知道需要做什么，但找不到资源（资金物资）支持"和"想参与但不知道该做什么"（36.57%）的困境。④ 以至于有学者认为，社会组织在这次疫情

---

① 全国人大代表郑功成：尽快制定《社会组织法》，完善社会治理格局［EB/OL］. 社工中国网，2018-03-16.
② 疫情之下，社会组织在行动：北京社会组织应对疫情状况调查报告［EB/OL］. 北京市协作者社会工作发展中心，2020-03-10.
③ 韦伯. 经济与社会：上卷［M］. 林荣远，译. 北京：商务印书馆，1997：238-239.
④ 疫情之下，社会组织在行动：北京社会组织应对疫情状况调查报告［EB/OL］. 北京市协作者社会工作发展中心，2020-03-10.

中发挥的作用不仅没有在实质上超出汶川地震时期的情形，甚至有所减弱。①

第三节　社会组织"内生性不足"

就社会组织自身而言，内生性不足是导致其角色困境的"阿基里斯之踵"②。这种不足主要表现在社会组织自立性不够、治理能力不强和志愿性不足三方面。

一、自立性不够

我国社会组织自立性不够既是学界共识，也是不争的客观现实。主要表现在两方面：一是机构依附。一些社会组织名义上是独立法人，实质上却是政府职能的延伸或分流，承担着政府的部分职能。即便一些民间自组织，也总是竭力谋求与政府（事业单位）建立各种形色各异的挂靠关系，谋求业务上的"管理"和"指导"。二是经济依赖。由于我国慈善事业发展尚不完善和发达，仅靠社会募捐很难获得足够维持自身发展的资金支持。部分社会组织为摆脱举步维艰的经济困境，只能依附相关部门获取经济支持。这种"机构依附"和"经济依赖"直接导致我国社会组织在发展中普遍具有"软骨病"，使其参与重大公共突发事件治理时，"一方面渴望摆脱来自相关部门监督和管理，另一方面因经济捉襟见肘，渴望获得支持，从而出现意愿上的独立性与行动上的依赖性的二律背反"③。

---

① 陶传进．战疫大考，社会组织不可盲目乐观，更不能自我陶醉［EB/OL］．凤凰网，2020-03-12.

② 陆亚娜．我国第三部门参与应对突发事件的"阿基里斯之踵"及其消解路径［J］．江苏社会科学，2015（6）：116-122.

③ 陆亚娜．我国第三部门参与应对突发事件的"阿基里斯之踵"及其消解路径［J］．江苏社会科学，2015（6）：116-122.

二、治理能力不强

一是协同能力不强。在与政府主体的协同中，社会组织在领会上级党委意图、解读政府政策文件方面常常出现领会不到位、解读不精准等问题，导致沟通不畅、协调困难，常常"添堵又添乱"；在与市场的互动关系中，一些社会组织自利，对市场出现误判，或把经济因素作为协同的主要考量，导致其角色失调、功能错位；在与社区居民的协同上，一些社会组织存在组织不力、方法不当，与群众关系紧张的问题，导致角色迷失，限制了其协同共治效果。二是共治水平不高。社会组织具有专业化优势和专长，但由于人才匮乏、经费紧张或意识、经验不足等因素，社会组织在协同共治中常常出现萨拉蒙所说的"非营利组织的业余性"问题，致使一些社会组织协同共治角色失败。三是创新能力有待提升。重大突发公共事件具有高度的不确定性、动态性、复杂性，对每个主体的治理能力都提出了更高的要求。部分社会组织内部治理水平、运作能力和治理手段长期停留在较低水平，不愿意投入更多的资金进行技术创新，难以根据不同性质突发事件及时调整治理手段和方式，无法应对重大公共突发事件中出现的新问题、新矛盾和新困难，影响和限制了其角色功能的发挥。①

三、志愿性不足

志愿性是社会组织协同共治的主要动机，也是其区别于其他主体最鲜明的角色特征。但在重大公共突发事件治理中，社会组织常常出现萨拉蒙所说的"志愿失灵"② 问题，导致其角色冲突。主要表现在三方面：一是志愿性丧失。一些社会组织发展不规范，组织章程不完善，缺乏明确的责任义务和

---

① 梁德友. 社会组织参与社会共治的合法性困境及其政策调适［J］. 社会科学辑刊，2019（3）184-190.

② 萨拉蒙. 公共服务中伙伴：现代福利国家中政府与非营利组织的关系［M］. 田凯，译. 北京：商务印书馆，2008：2.

组织使命，参与动机复杂，志愿性往往让位于"功利性"和"营利性"。甚至有的社会组织志愿精神和公益精神丧失，把参与协同共治视为组织自身发展"难得一遇"的机遇和契机，不求治理效果，但求经济效益或广告效应。二是公益性不强。面对重大公共突发事件，一些社会组织消极应对、被动参与，或为了"应付上面任务"不得已而为之。因此，一些社会组织协同共治往往点到为止，象征性、展示性或表演性成分较多，参与深度不够。"无论是依附嵌入型社会组织抑或吸纳型社会组织……大多社会组织缺乏自主、自发的参与意识，主动参与意愿不强"①。三是伦理问题频发。部分社会组织在治理过程中表现出行政化、官僚化和商业化倾向，暴露出其内部管理混乱、治理效率低下，甚至出现造假欺骗、经济腐败等问题，严重影响了社会组织的角色形象。

第四节　角色赋能与优化：社会组织协同共治的角色调适

针对社会组织参与重大公共突发事件协同共治面临的角色困境，应坚持"宏观优化、微观调适"原则，从破除结构性障碍和内生性赋能两个层面双向发力、综合施策，促进社会组织协同共治角色的实现。

一、加强党的领导，增强社会组织协同共治的角色意识

中国共产党的领导是中国特色社会主义最本质的特征，也是社会组织协同共治最大的政治保障。在重大公共突发事件治理中，应加强党对社会组织的领导，增强社会组织协同共治的角色意识。

一是进一步完善和健全社会组织党的组织。全面落实中共中央办公厅印

---

① 梁德友. 社会组织参与社会共治的合法性困境及其政策调适［J］. 社会科学辑刊，2019（3）：184-190.

发的《关于加强社会组织党的建设工作的意见》，推进社会组织发展中党的组织和党的工作有效覆盖，完善党的工作机制，落实党建责任，发挥党支部在社会组织中的战斗堡垒作用。二是加强党对社会组织的领导和指导。各级党委要总揽全局、牵头抓总，为社会组织把脉定向，使其在重大公共突发事件治理中充分发挥协同共治作用。三是加强社会组织党务工作者队伍建设，强化党建工作基础保障，提高社会组织党建水平。开展社会组织思想政治工作，增强其政治认同，激发社会组织在重大公共突发事件治理中协同共治的角色意识。

二、优化治理结构，保障社会组织协同共治的角色身份

一是完善重大公共突发事件治理结构。应充分认识社会组织在国家治理体系与治理能力现代化中的重要作用，明确社会组织协同共治角色身份，形成政府、市场、社区、民众和社会组织等多元主体"共建共治共享"的社会治理格局。把社会组织纳入重大公共突发事件指挥决策机构，保障其知情权、参与权和决策权，鼓励社会组织积极作为和主动有为。二是改革政府职能，理顺治理主体之间尤其是社会组织与政府之间的关系，推动"全能型政府"向"有限型政府"转变。厘清政府在公共突发事件中的责任边界，规范政府行为，"管住、管好政府该管的事"，把"不该做、做不了或做不好"的事交给社会组织等主体去做。三是将扶持社会组织发展纳入国家应急体系中，建设常态化的社会组织应对公共危机工作机制。完善政府与行业组织联动机制，整合资源共享平台，健全多元信息交流机制和信息共享机制。国家应将危机事件应对纳入社会组织常态化管理，支持枢纽行业性社会组织建设，明晰社会组织参与重大公共突发事件协同共治的角色使命和责任。

三、健全法律制度，拓展社会组织协同共治的角色空间

立法是社会整合之首要场所。① 针对社会组织协同共治面临的法律困境，

---

① 哈贝马斯. 在事实与规范之间：关于法律和民主法治国的商谈理论 [M]. 童世骏, 译. 北京：生活·读书·新知三联书店，2003：39.

应从健全"一案三制"应急管理体系整体框架出发，重点健全法律制度，拓展社会组织协同共治角色空间。

一方面，应尽快制定"社会组织法"，明确社会组织性质、定位、职责、义务及其运行机制，保障社会组织参与公共突发事件治理主体地位，规范社会组织共治行为，保障其合法权益；另一方面，健全规范社会组织参与公共突发事件协同共治的其他相关法律。整合现有零散的、不统一的、低位阶的法规规章，以高位阶的法制建设明确社会组织共治的法律关系，避免经常性、临时性紧急立法。借鉴发达国家立法经验，制定应急方面的单行法。进一步完善《中华人民共和国突发事件应对法》《中华人民共和国传染病防治法》，并以其为核心形成完备的社会组织参与公共突发事件治理的法律保障体系。① 同时，改革社会组织"双重管理"制度，完善社会组织准入、评估和激励机制，拓展社会组织参与重大公共突发事件协同共治的角色空间。

四、完善支持机制，提升社会组织协同共治的角色能力

重大公共突发事件应对的困难性、复杂性和不确定性等特点对社会组织协同共治的角色能力提出了更高的要求。

一是完善社会组织法人治理结构。以健全社会组织章程为基础，推动社会组织法人治理结构改革，理顺社会组织内外部关系，强化社会组织决策、执行、监督机制，规范社会组织内部治理，构建政社分开、权责明确、依法自治的现代社会组织体系。二是完善社会组织支持保障机制。坚持"分类管理、重点培育"原则，认真落实《关于通过政府购买服务支持社会组织培育发展的指导意见》等政策，通过技术转移、咨询服务、购买服务、资金募捐和抚恤激励等方式为社会组织提供人才、资金、制度等支持机制。三是赋能社会组织内涵式发展。结合组织使命、行业特色，按照职业化、社会化和专业化标准，积极开展专业培训，增权赋能，不断提升社会组织角色执行能力

---

① 高芙蓉. 社会资本视域下社会组织参与应急治理的路径研究 [J]. 河南社会科学，2020，28（2）：99-104.

与应对重大公共突发事件的能力。四是健全社会组织技术创新机制。通过横向联合、纵向分工，政府主导、民间参与的方式鼓励社会组织创新社会治理方式和手段，提高治理效能。运用财政、税收等政策引导社会资本联合社会组织进行科技创新和技术研发，鼓励新发明、新专利在重大公共突发事件治理中的探索和应用。

五、强化志愿精神，激发社会组织协同共治的角色动力

志愿精神是社会组织基于一定组织文化而形成的责任、奉献、公益和服务等伦理精神，是社会组织自身得以确认和有效参与社会治理、提供社会服务、整合社会资本的原初动力与内在价值诉求。

一是加强组织文化建设。一方面，加大宣传力度，让社会公众了解社会组织在重大公共突发事件治理中的参与价值和贡献，提高公众对社会组织协同共治角色的认同；另一方面，用先进文化引导社会组织发展，从功能定位上杜绝物化逻辑和功利主义思想。在社会组织内部传播社会主义核心价值观，形成"组织章程—组织使命—价值愿景"三位一体的组织文化，引领社会组织健康有序发展。二是强化志愿精神。在重大突发公共事件治理中，社会组织应树立"以公益为信仰、以奉献为路径"的理性价值观，自觉承担社会责任，主动履行组织职责，做好政府的参谋和帮手，积极提供专业化社会服务。三是提高社会组织公信力。社会组织要加强行业自律和伦理教育，谨防"灰犀牛事件"和"黑天鹅事件"，避免"塔西佗陷阱"发生。应按照民主管理、科学决策、公开透明、运转有序的基本要求，完善社会组织内部伦理规制，落实内部民主制度和监督机制，规范财务公开制度，提高社会组织公信力。

第六章

机制创新：苏南社会组织参与社会治理的政策建议

　　党的十八届三中全会提出，全面深化改革总目标以来，社会组织在社会治理中的地位和作用越发凸显。近年来，传统社会管理方式面临挑战，苏南地区作为江苏省乃至全国的经济发达地区，社会组织发展处于领先位置，但是，各种制约社会组织发展和功能发挥的瓶颈性问题仍然存在。因此，创新苏南地区社会组织参与社会治理机制，提出既有苏南地区价值又有普遍指导意义的政策建议是实现社会治理现代化的关键。

第一节　党建引领：完善顶层设计，搭建引领机制

　　习近平总书记在党的二十大报告中强调："坚持大抓基层的鲜明导向，抓党建促乡村振兴，加强城市社区党建工作，推进以党建引领基层治理，持续整顿软弱涣散基层党组织，把基层党组织建设成为有效实现党的领导的坚强战斗堡垒。"[①] 社会组织作为社会治理重要主体，是实现我国社会治理体系和治理能力现代化的关键要素。加强和创新社会治理不仅是新时代赋予党和国

---

　　① 习近平. 高举中国特色社会主义伟大旗帜　为全面建设社会主义现代化国家而团结奋斗：在中国共产党第二十次全国代表大会上的报告［M］. 北京：人民出版社，2022：67.

家的重要命题，还是保障和改善民生、提高社会治理水平的应有之义。因此，创新苏南地区社会组织参与社会治理，应激活苏南地区党组织的细胞活力，明确党组织在社会组织中的角色定位以及责任分工，以党建带动社会治理创新。

一、党建引领，提高社会组织政治素养

中国共产党的领导是中国特色社会主义最本质的特征，也是社会组织协同共治最大的政治保障。辛棋认为，党建引领中的"引领"，一是指党的引导，二是指带领人民支持党的领导。[①] 王超认为，党建工作的引领体现在充分发扬民主的前提下，积极调动社会组织，引导其参与公共事务决策和公共问题的解决。[②] 王杨的研究则指出，党建引领能够使得社会组织间形成共通的文化体系以及先进文化氛围，减少合作阻力。[③] 习近平总书记曾鲜明指出："要把加强基层党的建设、巩固党的执政基础作为贯穿社会治理和基层建设的一条红线。"[④] 因此，党建引领社会治理就是要以"全心全意为人民服务"的宗旨为原则，在社会治理中始终践行"以人为本"的价值理念，通过基层党组织的核心作用，更有效地整合社会资源，拉近社会治理各主体之间的距离，构建党群联系平台，增强上级党组织的政策执行力，最终通过强化社会组织的内部协同与外部信任，拓宽社会治理网络。2018 年下半年，民政部出台的《社会组织登记管理条例（草案征求意见稿）》明确规定，申请登记社会团体，发起人向登记管理机关提交的文件中，应当包含"建立中国共产党组织的工作方案"，这是近年来国家对社会组织提出的新要求，说明社会组织党建将以法律的形式在新条例中正式将其明确。由此可见，坚持社会组织

---

① 辛棋. 新形势下党建引领农村善治研究：以广东顺德为个案 ［D］. 北京：中共中央党校，2018.

② 王超. 基层治理现代化进程中区域化党建的行动方向和实现路径 ［J］. 中国井冈山干部学院学报，2016，9（5）：107-113.

③ 王杨. 结构功能主义视角下党组织嵌入社会组织的功能实现机制：对社会组织党建的个案研究 ［J］. 社会主义研究，2017（2）：119-126.

④ 习近平在参加上海代表团审议时强调：当好改革开放排头兵创新发展先行者 为构建开放型经济新体制探索新路 ［N］. 人民日报，2015-03-06（1）.

党组织的政治核心和政治引领地位，是发展中国特色社会组织的本质要求和显著特征，也是落实全面从严治党的内在要求以及坚持党的领导全覆盖的应有之义。① 简言之，发挥党建引领作用就是把党建与苏南地区社会治理相关要素互嵌，在党组织领导下协调好各方力量，从而推进苏南地区社会治理的有效实现。

一是进一步完善和健全社会组织党的组织。全面落实中共中央办公厅印发的《关于加强社会组织党的建设工作的意见》，推进社会组织党组织和党的工作有效覆盖，完善党的工作机制，落实党建责任，发挥党支部在社会组织中的战斗堡垒作用。二是加强党对社会组织的领导和指导。各级党委要总揽全局、牵头抓总，为社会组织把脉定向，使其在重大公共突发事件治理中充分发挥协同共治作用。三是加强社会组织党务工作者队伍建设，强化党建工作基础保障，提高社会组织党建水平。开展社会组织思想政治工作，增强其政治认同，激发社会组织在重大公共突发事件治理中协同共治的角色意识。四是加强基层党的理论教育，夯实苏南地区社会治理的群众基础。一方面，应加强"主题"教育，丰富教育内容与教学形式，重点开展案例式教学，结合鲜活事例，增强"主题"教育的价值性与实用性；另一方面，从群众的需求出发，开展多种类型的法治教育，让群众自主学习，提升基层群众知法守法意识，特别是在其合法权益受到侵害时，能选择运用法律武器捍卫权利、履行义务。同时，扩大法治宣传教育的覆盖面，让社会组织成员可以经常听到法治讲座，提升其法治意识与政治素养。五是发挥党员的带头模范作用。"正人者先正己，律人者先律己。"坚持发挥党员的带头模范作用，要从思想上、行动上做社会的"领头雁"。例如，常州市钟楼区在探索党建引领社会组织工作中，形成了具有钟楼特色的"12345"党建工作新方法，即通过"一统领、双孵化、三部曲、四同步、五个一"，在社会组织党建理念、思路、方法、机制、内容五方面取得了突破性进展。党建工作经验被新华

---

① 沈蓓绯，叶雷. 困境与突破：社会组织党建的现状分析及路径探索：基于江苏常州的实证研究 [J]. 江苏省社会主义学院学报，2018（6）：73-76.

网、江苏网等媒体公开报道。① 质言之，加强苏南地区社会组织党建，应以完善党建工作为载体，以服务群众为主要任务，不断改进党在社会组织中的工作，使党的工作渗透其中，巩固和扩大党的影响力，推动社会组织党建工作与社区党建、社区服务、社区发展联动，引导社会组织规范有序地协同社区治理。②

二、制度关怀，持续优化支持保障体系

社会治理作为国家治理的有机组成部分，是以制度执行力为追求，继而实现制度优势向治理效能的转化，最终促进人的全面发展和社会全面进步。③中华人民共和国成立以来，中国共产党领导人民在实践中不断探索有效治理社会的理论和制度，历经了社会管制、社会管理、社会治理三个历史阶段。党的十八届三中全会从改进社会治理方式、激发社会组织活力等方面，全方位部署了社会治理体制创新工作。这是中国共产党首次以正式文件形式提出"社会治理"的概念，标志着我们党治理理念的创新与深化。"十四五"目标中，明确提出推进"基层治理水平明显提高，防范化解重大风险体制机制不断健全"，而党的二十大报告也提出，要"健全共建共治共享的社会治理制度，提升社会治理效能"④。为此，必须完善制度理论，构建完备制度保障体系。

"经国序民，正其制度。"⑤ 社会组织参与社会治理涉及面较广，内容千

① 沈蓓绯，叶雷.困境与突破：社会组织党建的现状分析及路径探索：基于江苏常州的实证研究 [J].江苏省社会主义学院学报，2018 (6)：73-76.
② 史锦平.充分发挥社会组织协同社区治理作用：对南京社会组织的调查 [J].唯实，2015 (3)：64-67.
③ 徐畅，王诗宗.国家治理中的社会治理：制度执行力的产生途径 [J].湖北社会科学，2021 (11)：31-36.
④ 习近平.高举中国特色社会主义伟大旗帜 为全面建设社会主义现代化国家而团结奋斗：在中国共产党第二十次全国代表大会上的报告 [M].北京：人民出版社，2022：54.
⑤ 荀悦.前汉记：卷十 [M]//司马光.资治通鉴：第2册.北京：中华书局，1956：608.

头万绪，离不开制度支持和保障。推动苏南地区社会治理现代化尤其需要制度保障，同时，需要根据苏南地区的特殊矛盾和特殊地理知识进行制度创新，为社会组织参与社会治理提供制度保障。一方面，应加强党的领导，不断完善相关制度供给。坚持中国共产党的领导是实现基层社会治理现代化的根本保障，也是实现苏南地区社会组织参与社会治理机制有效创新的保障。通过上文分析可知，苏南地区的社会组织在实际运行中多存在因利益多元而导致治理目标偏离、因制度不规范而导致治理问题不根除、因制度落实不严谨而导致治理难题反复等问题。毋庸置疑，坚强的党组织是解决这一问题的治本主体，党组织领导下的顶层设计创新是带领苏南地区社会组织系统优化的首要保障。另一方面，应强化制度完善和创新，为社会组织参与社会治理提供规范指引。毫无疑问，党组织的领导恰能满足这一需求。因此，苏南地区应该将党的领导与社会治理有效衔接，使党建在社会治理中发挥制度引领优势，持续优化支持保障体系，从而提升基层治理效能。应从以下三点强化制度创新。一是强化制度落地。制度的生命在于执行。再好的制度如果无法付诸实践，那么，制度优势就将付诸东流。因此，在进行社会组织制度创新中，需要通过科学理性的决策方式和技术手段保障制度的实践；通过协同强化制度执行力，将苏南地区社会组织的制度优势转化为治理效能。二是强化制度对实践的回应。制度的制定注重与现实问题的回应，敢于突破现实社会组织参与社会治理的局限性。要完善社会组织内部的规章制度体系，围绕章程，建立配套完备的社会组织内部各项规章制度和工作规范体系。针对治理实践中因为与现实政策不兼容、居民需求不匹配而产生的差异性制度问题，应注重制度与现实契合度，因地制宜，回应居民诉求和愿望，充分发挥制度运行的灵活性。三是把握好制度表达"精度"和制度实践"温度"间的平衡。掌握好"火候"、把握好"尺度"、传递好自上而下的正式规则和自下而上的民情需求是社会组织参与社会治理取得实质性成效之关键。

三、督导评估，与时俱进创新评估机制

"有效的评估制度作为一种管理工具与自律手段，可以改善民间组织的

问责性及决策制定。"① 社会治理评估作为我国治理社会组织的四大手段之一，是保证社会组织充分发挥其纠正"市场失灵"和"政府失灵"功能的重要手段，也是督促社会组织继续发挥提供社会服务、调节社会主体矛盾以及统筹社会资源职能的"监控器"。

监督评估是促进社会组织有效参与社会治理的一项重要手段，是衡量其工作效果、奖惩尺度、利益分配、发展趋势的重要标准和依据，也是国家行政意志向下延伸的重要抓手。② 随着政府与社会组织关系的调整，我国社会组织参与公共服务、社会治理的功能不断加强，形成了社会管理和社会服务的合力。学界关于社会治理评估的研究也不断深入，从社会治理兴起至今，已然形成了数量繁多的社会治理评估指标体系。据世界银行有关部门统计，经常使用的治理评估指标体系约有 140 种。③ 社会治理评估依据设置形式的不同，大致可分为以下三类：第一，从宏观层面上，建构专门的社会治理评估；第二，从微观层面上，基于某一空间场域、具体事项、学科背景开展社会治理评估；第三，将社会治理内容置于治理综合评估中，以散见规定为主要方式。

社会治理评估，一方面可以为社会组织带来更多的公共资源，延长其生命周期；另一方面，社会组织评估不当也会造成评估困境。因此，对社会组织参与社会治理进行评估机制创新是十分重要且非常有必要的议题。随着我国全面深化改革的步伐不断加快，全球化、工业化、信息化、城市化不断发展，街道和社区体制改革全面推进，社会组织迎来了快速发展阶段。但是，伴随社会组织形式的多样性、风险性，以及频繁发生的公共危机和突发事件，社会组织参与社会治理也面临诸多挑战，强化评估势在必行。近年来，苏南地区社会组织数量迅猛增长、分布更加广泛密集、影响日渐提升，组织

---

① 王名. 中国民间组织 30 年［M］. 北京：社会科学文献出版社，2008：422.
② 李乐虎，高奎亭，舒宗礼. 第三方组织参与我国学校体育监督评估：现状、困境与对策［J］. 北京体育大学学报，2021，44（9）：45-55.
③ 彭莹莹. 社会治理评估指标体系的设计与应用［J］. 甘肃行政学院学报，2018（2）：89-98，125，127-128.

的类型也包括社团、基金会和民办非企业单位。社会组织所提供的服务横跨各个领域，涉及环境、卫生、教育、就业、扶老助幼、脱困济贫等。社会组织是苏南地区社会发展中的重要主体、经济发展中的重要动力。同时，爆发式增长导致社会组织参差不齐，加之人员复杂，导致基层社会治理矛盾多发。例如，调研发现，部分地区社会组织利用公职谋求私利，进行非法集资、非法募捐等，降低了决策者在人民群众中的信任度，以及导致部分社会组织的评估监管标准不一。

为此，加强监督评估，是规范社会组织发展的重要途径。当下，社会组织评估可分为内部评估与外部评估。内部评估主体是理事会、监事会和会员大会等，内部评估很容易因为评估主体自身能力不足、观念误差导致评估无效；作为第三方评估的外部评估，往往因为价格高、自身资金不足无法运行等问题导致评估问题重重。因此，应有针对性地加大督导评估，完善评估机制。第一，信息公开是监督与评估的前提。中国的传统社会是个熟人社会，难免出现评估权异化、信息流动堵塞等现象。这些问题都会使评估结论失真，因此，建设和完善信息披露制度是十分有必要的。为此，应将信息公开作为社会组织承接政府购买服务、评优的准入条件，而且对不公开信息或故意错漏信息的社会组织必须有制度层面的处罚措施。第二，引用第三方评估。第三方评估是一种"自下而上"的评估，开展过程更为专业，吸纳公众意见更为真实广泛，故评估结果也更具公信力。苏南地区应发挥地区优势，引入高校、科研场所等机构对社会组织进行评估，对潜在、潜伏、暴露出的风险与问题进行规避和防范。第三，采取"运动式"监管评估方式。由于社会治理评估的结果对社会组织的运行具有重要意义，定时、定期的评估往往会让社会组织采取材料造假、信息造假等做法，导致评估结果不准确和针对性不强问题。为此，可以采取突击式、运动式评估方式，避免出现材料失真、结果造假等现象。换言之，运动式评估具有间接性、突击式、临时性和非常规性的评估特点，可以增强社会组织责任意识与危机感，促进苏南地区社会治理体系和治理能力的优化与提升。

四、完善立法，拓展社会组织制度空间

党的十八大以来，党中央高度重视法治建设，将依法治国提升到"四个全面"发展战略高度，确定了法治作为治国的基本方略。党的十八届四中全会上，《中共中央关于全面推进依法治国若干重大问题的决定》文件的出台，标志着把依法治国推到新的高潮，提出"推进基层治理法治"，明确了基层治理是国家治理、政府治理和社会治理的重要组成部分。为了有效推进苏南地区社会组织参与社会治理，必须完善立法，进一步拓展社会组织的制度空间。

制度空间是制度运作及其发生作用的区域或范围，是"正式制度与非正式制度在作用中发生联系，共同构建起来的网络空间"①。作为独立的社会法人，社会组织自身的合法性及其运营机制是建立在一定的制度支持基础之上的。因此，其运营机制和社会行动是在一定的制度空间得到授权、支持和保障，进而奠定自身的权威性与合法性。目前，除了宪法和民法通则等基本的法律规定，还有《社会团体登记管理条例》《民办非企业单位登记管理暂行条例》《基金会管理条例》及地方性法规和规章等，它们共同构成了我国社会组织得以开展活动的制度空间。但是，随着时间的推移，法律制度已经不能适应当下我国社会组织的发展，制约了社会组织参与社会公共事件的治理。主要表现为：一方面，现有的以管理为目的的各种法律制度对社会组织的成立、人员、场地、资金来源、业务范围、活动方式等都有着严格的规定，束缚了社会组织的发展，使社会组织丧失自主性、自治性、独立性等优势，难以在群体性事件治理中发挥自身的优势；另一方面，现有的涉及社会组织的法律制度存在数量少、立法位阶低、立法质量不高、法规衔接性差等问题，直接导致社会组织成立难、生存难、开展工作难、保障权益难，严重制约了社会组织参与群体性事件治理的功能发挥。

---

① 刘迟. 基层社区组织权威生成的制度空间研究：以上海 WF 社区为例［J］. 兰州学刊，2011（9）：59.

　　为此，应在扫清现有制度障碍的基础上，健全立法，从制度上为社会组织打开参加参与社会治理的制度之门。具体而言：（1）以结社法为中心，尽快完善我国社会组织法，保障公民的结社自由，规范社会组织，确保其有序健康发展。（2）完善社会组织方面的单行法。根据我国社会经济发展的最新实际和我国社会组织发展存在的问题，对现有的涉及社会组织发展的相关单行法律制度进行梳理，重新制定或修改《社会团体登记管理条例》《民办非企业单位登记管理暂行条例》《基金会管理条例》等相关法律，增加社会组织参与社会公共治理的相关规定，拓展其参与群体性事件的自主权和自决权。（3）完善社会组织方面的各种地方性行政法规。从制度上简政放权，鼓励社会组织大胆、独立、自主发展。推进社会组织登记管理制度改革，实行直接登记制度，落实社区社会组织登记和备案双轨制；完善社会组织分类登记指导办法，推进先培育后登记的模式；探索建立登记事前评估制度，完善社会组织的登记事前评估机制。（4）出台保障社会组织参与社会公共事件治理的保障支持制度。建立社会组织参与公共服务供给保障机制，开拓社会组织的生长空间；建立社会组织参与群体性事件的资金、技术、政策咨询、人员安全等保障制度，形成社会组织与政府组织良性互动的新格局，确保社会组织在群体性事件的预防、处置、善后等环节中发挥积极作用。

第二节　五社联动：交融共进发展，构建共治共享格局

　　习近平总书记在党的二十大报告中强调，"建设人人有责、人人尽责、人人享有的社会治理共同体"①，首次将"社会治理共同体"纳入国家安全体系，充分彰显了社会治理共同体对国家治理体系和治理能力现代化的深刻

① 习近平.高举中国特色社会主义伟大旗帜 为全面建设社会主义现代化国家而团结奋斗：在中国共产党第二十次全国代表大会上的报告 [M].北京：人民出版社，2022：54.

意义。著名学者俞可平较早就提出，治理应当是一个多元互动的过程，需要政府、市场、社会等多个主体协作治理。在社会治理层面，基层社会治理是社会治理的重要着力点和关键环节，社区治理是基层社会治理研究的重要视角。"五社联动"是在突破"三社联动"局限性的基础上衍生得来的。2021年，中共中央、国务院"鼓励完善社会力量参与基层治理激励政策，创新社区与社会组织、社会工作者、社区志愿者、社会慈善资源的联动机制"，将社区志愿者和社会公益慈善资源纳入社区治理体系。至此，"五社联动"正式走向社区治理的视野，由此构建了"坚持党建引领，社区居委会（村委会）发挥组织作用，以社区为平台、以社会工作者为支撑、以社区社会组织为载体、以社区志愿者为辅助、以社区公益慈善资源为补充的现代社区治理行动框架"①。"五社联动"是一种相对较新的概念，有不少地方结合"五社联动"开展地方性的实践，正如习近平总书记指出："要通过社会体制改革创新，充分调动各方面积极性，最大限度增强社会发展活力，充分发挥人民群众首创精神。"② 作为社会治理新机制，"五社联动"为苏南地区社会组织参与社会治理的机制创新提供了重要理论依托。为此，"五社联动"的苏南路径应从坚持全面协调、历史担当、问题导向，以及培养人才角度出发，促进苏南地区社会治理各主体之间的高效互动，形成良好的协同合作关系。

一、坚持全面协调，"牵手"结对推动全局发展

社会治理主体多元化为社会治理注入新鲜血液，但是，也同样面临如何协调运作治理主体多元化、方式多样化、内容复杂化等问题。社会组织应发挥带头作用，以"牵手"结对推动全局发展，不断求变与大环境相适宜，才能真正成为构建共治共享格局的"助推器"。社会组织在社会治理中担任着

---

① 伍麟，曾胜．社会心理服务体系建设的治理逻辑与实践路径［J］．学习论坛，2022（3）：88-95．

② 中共中央文献研究室．习近平关于社会主义社会建设论述摘编［M］．北京：中央文献出版社，2017：119．

重要的角色，其发展水平高低决定了社会组织是否有能力担任起社会治理这一重要职责。近年来，随着政府职能从"管理型政府"向"服务性政府"的转变，以及社会风险的加大和社会治理理论的发展，社会组织参与社会治理已经是屡见不鲜的热门话题。作为"三社联动"的衍生物，"五社联动"一经提出就引发学界的研究以及各地基层治理的开展。在政府和学界的推动下，各地陆续开展"五社联动"的社会治理实践。广东省①、上海市②、内蒙古包头市昆都仑区③、安徽省合肥市④、广州市番禺区⑤等地都对"五社联动"展开地方性实践。各地尽管实践方法不同，但仍在实践主体、实践方法上存在共通之处，各地的"五社联动"实践都以"联动"为落脚点，构建多元主体参与社会治理的格局。中国学者王名认为，相对政府体系而言，社会组织是独立的、具有一定公共性、承担一定社会功能的组织形式，社会组织活跃在人类生活的方方面面，其理念、类型、功能、目的、规模都不尽相同。⑥ 与西方自我表现型的社会组织不同，我国的社会组织的主要类型是服务型社会组织，弥补政府功能的不足。从实施强度上看，我国的社会治理属于"软治理"，虽然过程是和风细雨的，但是结果却往往更深入人心。由于社会组织具有非营利性等特点，人们对社会组织的信任度较高，相比其他营利机构，配合程度也较高。从"五社联动"概念上分析，"五社联动"的基本要素包括社区、社会组织、社会工作者、社区志愿者和社会慈善资源。"五社联动"主体是"五社"，重点是"联动"。在社会治理实践中，"五社"

---

① 本刊编辑部，朱巍巍，孙玉琴，等．广东：建立"五社联动"机制［J］．中国民政，2012（3）：44.

② 王劲颖．加强"五社联动"实践志愿服务：第二届"上海公益伙伴日"社区志愿服务展示的思考［J］．社会福利，2013（1）：32-33.

③ 内蒙古包头市昆区："五位一体""五社联动"构建城市养老服务体系［J］．社会福利，2015（9）：28.

④ 张健，陈轶喆，吴曼曼．合肥探索基层社会治理创新的"五社联动"模式［J］．中国社会组织，2017（7）：27-30.

⑤ 广州市番禺区创新"五社联动"模式提高基层社会治理水平［J］．大社会，2019（Z1）：27.

⑥ 社会组织的基本属性［EB/OL］．康乐县人民政府，2023-12-14.

不仅要实现联动，而且要形成机制，才能联动实现常态化、规范化，并且形成可复制的经验，推动社区治理，这个也是苏南地区增强社会组织社区治理实效的关键所在。

在"五社联动"的大背景下，社会组织参与社会治理是围绕着"竞争与合作、交流与学习、共享与互补、多元与共治"等核心要素而开展①，那么，在此背景下，苏南地区社会组织该如何"联"、如何"动"？社会治理是实践性很强的一种社会实践，无论从宏观、中观还是微观看，社会治理的本质都是多元治理。而多元治理要素之间必须有明确治理方向，才能"劲往一处使，力往一处拉"。社会组织在社会治理中承担着政府部分职能、社会工作、社区居民之间的纽带角色，可以使政府决策更好地"上通下达"。从这个意义上说，社会组织是"五社"的枢纽角色，在社会治理中发挥龙头带动作用。因为，社会治理单靠社会组织一方的努力是远远不够的，必须"五社联动"，明晰各个主体（要素）的工作定位和职责，携手发展，"牵手"结对，推动苏南地区社会治理的创新发展。

从要素角度分析，社区是"五社联动"的最稳定的主体，其主体性意涵涵盖了社区党机构、居委会、社区的整体精神文化等。② 社区应该担任"五社联动"的联动主体和联动平台的角色，直接对接居民需求，并将居民需求进行整合，系统提交给社区慈善基金管理委员会等社会组织。此外，社区应该积极响应社会工作者的号召，支持社会工作者将社区资源的需求方与供给方统筹对接。社会组织作为"五社联动"的服务承接者，应该注重凝聚社会共识，积极与其他社会组织合作。此外，社会组织应该以自身专业性打造社区品牌，将最新的社会治理理论付诸实践，提升治理影响力。社会工作者是社会治理的职业从业者，是拥有相关技能证书、接受过专业教育、具有敏锐

---

① 易轩宇. 社会组织参与社会治理的机制创新研究 [D]. 湘潭：湘潭大学，2015.
② 叶南客. "三社联动"的内涵拓展、运行逻辑与推进策略 [J]. 理论探索，2017
（5）：30-34.

的政策观察力的工作人员。① 因此，社会工作者应该综合运用所学知识提供更加具有专业性的社会服务，不断端正自身服务态度和价值观，在社区服务活动的策划、举办中起到组织协调的作用。社区志愿者作为"五社联动"的重要力量，是苏南地区社会治理的第一大助力。因此，要对社区志愿者的表现进行激励、公开宣讲和表彰，从而吸引想要定期参加服务的居民参与，大力宣传志愿精神，不仅可以直接促进社区良好社会治理氛围的形成，还可以间接促进社会治理的发展。

二、坚持历史担当，主动作为

社会组织凭借自身所具有的灵活、专业、民间性等优势，在社会治理中扮演重要角色。社会组织有效参与社会治理既是当代社会治理的必然要求，也是促进国家治理体系现代化的必然要求。社会组织参与社会治理的过程，即社会组织作为重要的主体成员，充分发挥其主观能动性，积极参加各项公共事务，实现社会治理效能最大化的过程。回顾新中国成立以来的社会治理实践，社会组织一直积极参与各项公共事务，保持与政策之间的黏性，在了解和反映民生、调节公共冲突、缓解公共危机等方面始终充当重要角色，是社会治理现代化的重要力量和共治的重要主体。进一步推进社会组织参与社会治理，不仅是实现治理体系和治理能力现代化的迫切需要，也是改善社会服务、解决社会问题的迫切需要。

苏南地区社会组织参与社会治理存在制度机制不完善、参与社会治理格局受限等困境。为此，苏南地区社会组织应该秉持历史担当，积极入局，主动躬身作为，从提升自身能力到主动与其他治理主体联系。具而言之，一是社会组织应主动成为政府职能转变的重要承接者。良好的政社关系，在于各领域合作互补、相辅相成。社会组织应在特定领域，不断积累专业知识，积极成为政策的建议者与沟通反馈者，使得社会组织在对应领域提供更为高效

---

① 徐永祥，曹国慧．"三社联动"的历史实践与概念辨析［J］. 云南师范大学学报（哲学社会科学版），2016，48（2）：54-62.

的服务。二是社会组织应该与特定领域范围民众积极联系，以汇聚民生为目的，有效整合分散、局部的需求。因此，社会组织能够直接汇集民生需求并有效传递，明确服务目标内容和对象效能，为社会治理工作提供可借鉴经验。三是社会组织应该积极提供就业机会，帮助拓宽就业渠道。社会组织应响应"就业就是最大的民生"号召，提供就业机会，拓宽就业渠道，缓解就业的结构性矛盾。四是社会组织积极拓展资金来源渠道。社会组织要逐步拓宽筹资渠道，形成多元化的筹资方式，拓宽自身的经费来源。同时，要整合社会资源，构建多主体的筹资方式。例如，社区慈善基金，利用新媒体平台广泛宣传，以激励性质的方式动员企业或个人捐赠，发挥群众的力量。①

三、坚持问题导向，提升社会工作实务能力

党的十八届五中全会提出的"社会治理精细化"为社会治理理论和实践明确了政策导向，也为社会治理的多元主体提供了实践思路。"社会治理的成功，主要不在于理论上如何做到完美无缺，而在于具体社会治理实践中社会治理理论是否能够成为有效的操作指南。"② 作为社会治理重要主体的社会组织，以科学与理论为基础，由粗放式参与社会管理转为精细化参与，从而实现"精准"与"靶向"兼备的社会治理，其参与方式的转变实际就是工作理念的革新。

问题是时代的呼声，它反映着社会治理中存在的真实状况，代表的也是社会成员对社会治理的共同理想。换言之，坚持问题导向就是要"学习掌握事物矛盾运动的基本原理，不断强化问题意识，积极面对和化解前进中遇到的矛盾"③。苏南地区社会组织开展社会治理要坚持以问题为导向，对现实问题进行及时回应，用问题倒逼社会治理创新。从内容看，社会治理包含社会

---

① 张璐. 城市社区社会组织参与社区治理的问题研究 [D]. 济南：山东大学，2019.
② 张国清. 社会治理研究 [M]. 杭州：浙江教育出版社，2013：467.
③ 习近平. 坚持运用辩证唯物主义世界观方法论提高解决我国改革发展基本问题本领 [N]. 人民日报，2015-01-25 (1).

治理体制和具体社会事务治理两层内涵，在具体社会事务治理领域，社会治理与基层治理重叠交叉，可以统称为基层社会治理。① 目前，我国苏南地区社会组织参与社会治理主要有以下困境：一是社会组织职责范围界定不清；二是"劣币驱逐良币"现象泛滥，拉低苏南地区整体水平质量；三是人员薪酬占比与组织发展、区域经济发展不相协调；四是突发事件的应急机制不完善；等等。若想纾解以上治理困境，苏南地区社会组织必须以问题为导向，抓住参与社会治理中面临的主要矛盾和矛盾的主要方面；同时，更要抓住事关社会组织参与社会治理全局，事关社会治理长远发展的重点、难点问题，将面临的困境分类整合，持续推进参与社会治理的机制创新。首先，深入社会治理实践，明确要解决的问题。社会组织应坚持"以人民为中心"理念，围绕居民需求提升治理能力。应建立社会组织与服务对象之间的交流互动机制与信息反馈机制，通过实践不断磨合，建立合作机制，保证社会组织参与社会治理的制度性、针对性和持续性。其次，现代社会治理理论认为，社会协同共治是科学而又有效的社会治理机制。从社会组织参与社会治理的历史实践中可以发现，积极培育苏南地区社会组织参与社会治理的机制，需要社会组织厘清伙伴关系，不同参与主体分工合作、协同治理，建立并维护长期且良性互动的伙伴关系。社会组织应该积极与政府打好关系，不能被动地成为政府政策的"接单者"，而是要努力发挥自己的社会职能，努力成为政府可靠可信的伙伴，形成社会治理合力。社会组织应该努力增强自身能力，强化组织内部管理，增强社会组织的公信力，通过系统方法和对创新型人才的奖励方法，强化创新体制改革，从而不断提升组织创新发展能力。

四、坚持培养人才，加强社会治理专业水准

邓小平同志曾指出，"一个人才可以顶很大的事，没有人才什么事情也

---

① 郁建兴. 辨析国家治理、地方治理、基层治理与社会治理 [N]. 光明日报，2019-08-30（11）.

搞不好"①。人才资源在国家发展中起到关键作用，也是中国式现代化发展的重要源泉。党和政府提出"人才强国"战略，培养人才就是培养未来社会发展新动能，更是夯实中国梦的重要支柱。社会组织的发展离不开对组织人才功能的持续开发以及管理能力的不断提高，人才队伍建设也是社会组织持续有效参与社会治理的关键，而人才队伍的缺失必然会成为阻碍社会组织发展的"拦路虎"。人才是提升社会组织参与社会治理实效的关键，社会组织的发展离不开优秀的人才。

在人才储备上，苏南地区凭借较优的地理位置、教育资源，以及人事管理制度等成为我国人才资源前列地区。不过，尽管苏南地区社会组织在社会治理方面有相当的优势，且科创工作取得显著成效，但目前社会组织人才建设仍存在一定问题，一定程度上影响着社会组织的发展。为此，课题组从三个角度来增强苏南地区社会组织的人才建设。一是社会组织要完善，加强职工激励措施。利用丰厚的物质奖励以及精神激励调动员工积极性。定期开展社会组织价值观培训，使员工的个人追求与社会追求结合起来，从服务社会中获得幸福感。同时，培育组织文化，营造社会组织内部互帮互助的良好氛围，提高社会组织员工的综合能力。培育、吸引人才是苏南地区社会组织提升治理实效的重要部分，引进高端人才对掌握前沿信息、治理创新具有强大的作用与意义。二是加强对社会组织员工的知识培训，加强人才队伍建设。注重学习型团队的建设，加强成员的入职培训和在职培训，通过系统化培训、观摩学习、交流互助等措施，提高社会组织人员在知识、技能、思维上的专业化与职业化水平。② 通过外部和内部、线上和线下相结合的形式，对成员进行专业化培训的同时，还需要加强新员工的培训支持与监督支持，提升新员工的实践能力。社会组织的专业人才不仅要可以"引进来"，还要能够"走出去"，积极支持社会组织成员之间互相沟通、交流学习，搭建苏南地区的社会组织人才沟通平台，不断汲取先进社会治理理念，优化专业人才

---

① 邓小平. 邓小平文选：第 3 卷 [M]. 北京：人民出版社，1993：369.
② 李巍. 社会组织公信力问题探究 [J]. 行政与法，2017（7）：81-86.

结构，强化核心社会组织队伍建设。三是社会组织完善吸纳人才制度。苏南地区高校众多，拥有丰富的人才资源，苏南地区社会组织可以在枢纽型平台的帮助下去吸引更加专业、更加优秀的人才加入，帮助社会组织的服务更加专业化。社会组织在吸纳人才上更要提高吸纳人才的标准，设置具体方案去吸纳多类型、多层次的人才，积极引入慈善家、企业家、专业学者作为社会组织的管理人员。社会组织要与各大高校建立一种可行性的人才招聘机制，积极去各大高校引入专业对口的应届毕业生，提高社会组织内部成员的整体水平，提高自身社会治理的专业水平。

第三节 协同共治：多元主体协同参与，形成治理"合力"

习近平总书记指出："必须坚持以人民为中心的发展思想，把增进人民福祉、促进人的全面发展作为发展的出发点和落脚点。"[①] 纵观中国共产党的社会治理史，虽然在不同时期有不同的治理方案，但是以人民为主体的治理原则却是经久不变的。党的十八大以来，习近平总书记重视社会治理创新，提出"想问题、做决策、办事情都要站在群众的立场上"[②]。苏南地区社会治理应形成社会治理共同体，成为构建"人人有责、人人尽责、人人共享"的社会治理格局的平等主体之一，与其他治理主体同频共振，提升治理绩效。

一、媒体引入，宣传榜样典型

在社会治理场域，媒体是重要的治理要素之一。媒体不仅可以对社会组织参与社会治理的情况进行典型宣传、监督和评估，而且可以搭建起多元主

---

① 中共中央文献研究室．十八大以来重要文献选编：中［M］．北京：中央文献出版社，2016：789.

② 习近平．习近平谈治国理政：第3卷［M］．北京：外文出版社，2020：138

体之间沟通的平台，实现社会治理结构内诸要素之间的良性互动。换言之，宣传榜样典型，对苏南地区各社会组织能够起到激励作用，有利于社会组织积极参与社会治理、认真听取基层民众的建议和批评，改进自身的工作，提高社会组织管理水平。

第一，增加媒体宣传的感染力和号召力。由于社会组织人员短缺，且在日常实际工作中任务较烦琐，在岗工作人员没有过多的精力和心思去深度整合榜样典型资源或深挖榜样典型的丰富内涵。政府应引入媒体参与治理过程，用符合社会治理的方式来宣传榜样及其精神，引导社会组织积极参与社会治理。例如，可以打破传统媒体传播模式中的时空束缚，借助虚拟技术、三维技术等打造等比例场景复原，增加立体环绕音效、影像高清色彩等，提高社会治理榜样典型传播载体的历史感、真实感、画面感，增加各地区社会组织的视、听、触等感官体验。通过这种方式，社会治理的榜样典型不只是停留在传统的参观层面，还能与时俱进地实现在线互动体验，真正做到从各优秀经验中汲取智慧，做榜样精神的践行者，进而使广大社会组织深刻感受到榜样典型的内在魅力。

第二，建立体系化的网络媒体宣传平台。目前，苏南地区大多社会组织官方网站都是由相关管理部门负责和主导，导致一些地区社会组织二级职能部门和各级社会组织缺乏与官方网站主导部门的协调沟通，没有形成以部分榜样典型宣传内容为核心体系的网络宣传平台，导致对典型案例宣传不深入和不充分。特别是部分社会组织网站形式、内容和资料等视角雷同现象时有发生，网络媒体难以有效发挥宣传作用。为此，一方面可以建立以社会治理榜样典型为主题的社会组织网站专栏。各地社会组织多采用官方网站作为传播榜样事迹及其精神的网络平台，全面宣传榜样精神内涵的价值，通过潜移默化的方式使榜样事迹、榜样精神在各地社会组织中广泛传播，励人心志、激人奋进。同时，进一步借助社会组织主题网站，加强构建榜样精神教育资源库，优化榜样典型的网络传播环境。另一方面，依托社会组织网站开展榜样事迹宣传展示活动。以榜样精神事迹为依托，通过开展榜样纪录片集中观看、榜样故事分享会等实践活动形式，大力弘扬和传承好榜样精神；深入挖掘和培养身边的先进模范，积极宣传身边榜样的先进事迹，迅速在各地社会组织内掀起对标先进、见贤思齐、崇德向善的良好学习风气，进一步发挥榜样事迹的示范引领作用。

第三，强化媒体引入榜样典型组织保障。应坚持党委统一领导，确保党委统筹指导各地区社会组织榜样精神的融入工作，确定具体融入的工作方向、价值理念、目标，推动整体融入工作的一体化进程。首先，各地区社会组织应成立"榜样精神"工作委员会机构，由党委书记担任主要负责人，做好榜样精神融入整体规划、具体文件制定、机构设置等工作安排，明确和规范社会组织各部门在融入工作中的职责及范围，形成工作合力。其次，和相关领导分工协作，负责好融入工作的具体指导和推进实施。一方面，各单位负责人要深度参与到融入工作的全过程，制定融入工作的长期目标和短期目标，明确工作责任，保障融入效果；另一方面，社会组织党委宣传部门负责，党委宣传部应该协助党委做好榜样精神融入社会组织的年度工作规划与宣传工作，并指导组织部门、人事部门做好领导干部、职工对学习榜样精神的教育、培训工作，指导后勤、保卫做好榜样精神育人的教育宣传，指导党委宣传部做好榜样典型工作，加强督促和考核，确保实施效果。

二、公议公开，促进良性互动

社会组织应该充分尊重公众的知情权，与公众坦诚相对、密切配合，共同实现治理目标。而信息不对等则是社会组织与公众之间存在矛盾、合作性低下的重要原因，因此，苏南地区社会组织参与社会治理中，要充分认识到信息公开的重要性，加强公议公开，提升信息公开效能。信息公开是指执行主体在履行职责过程中制作或者获取的信息，并通过各种信息发布平台及时、准确地公开发布。信息公开既是职责也是义务，既可以保证有效掌握信息、把握动态，又可以约束执行主体的行为，完善其运行不足的缺陷。社会组织参与社会治理运行效力不足的一个重要原因就是公众无法了解社会组织的工作机制、获取相关信息。事情的模糊性导致公众无法从社会组织获取相关信息，而一些道听途说、捕风捉影的消息就会出现去满足公众的需求。因此，社会组织应该创新信息公开制度，建设公议公开平台，与人民同频共振，促进社会组织参与社会治理的良性循环。

推动社会组织信息公开，是提升社会组织在基层社会治理公信力的有利之举。要加大社会组织运行的透明度，特别是财务信息的公开，利用共享平台与社会公众交流互动，实时向社会公众展示社会组织参与社会治理的活动流程、运行制度、资金流向，使社会组织在阳光下运行，促进社会组织规范化。为了不断增强社会组织工作的透明度，增加公共服务的便利性，苏南地区社会组织应该利用地区优势，发挥产学研资源，建立发布公共信息的网络平台，在社会组织与公众之间建立一座沟通快速、反馈及时的桥梁。在维护和建设沟通桥梁的时候，社会组织应该注意以下三点：一是建设方便公众浏览、获取信息的目标索引。去除过于繁重、花哨的页面设计，按照服务人员类型，在社会组织工作网站设置青少年版本、普通版本、中老年版本，迎合不同年龄群体需求，通过细致化划分，为公众提供分类精准、全面的信息服务。二是采取多种措施，更加主动地公开自己的工作，接受公众的全面监督。社会组织可以设置多种公开事务的途径，通过公告栏、政务信息门户网站、新闻媒体公开、微信公众号及服务平台 App 等渠道，将工作信息向群众外部公开，并注明信息的时效性、真实性和全面性，摒除"报喜不报忧"的信息公开"陋习"。三是收集民意，设置议事平台。通过主动与民众沟通，了解社会关注的热点问题，邀请民众就热点问题提出自己的看法与建议，并采取线上、线下多种方式与社会公众进行交流。

社会组织应该完善公议公开形式，丰富公议公开机制。让更多的公众智慧涌入社会组织中是社会组织成功参与社会治理的关键，也是落实民为邦本、以人为本的社会治理的关键。一是激活民众与社会组织沟通的积极性，加强群众与社会组织党组织的沟通，做好基层党员的教育、管理工作，在党员内部定期开展党员与社会组织之间的沟通活动。同时，要认真听取党外人士的建议，进行民主协商，督促社会组织在阳光下合理用权，增强实干能力，为公众谋福。二是制定公议公开的章程，形成"有事好商量"的社会组织公议公开局面。定期召开社会组织工作公开会议，加强公众对社会组织事务的监督，形成民主监督、民主协商、民主决策的长效运行机制。三是开展标兵评选活动，通过典范塑造加强群众参与公议公开的积极性。

三、监督反馈，落实"最后一公里"

社会组织参与社会治理离不开政府的有序监管和社会组织自身的自律意识，以及人民群众的有效监督。尤其是社会组织的资金和资源都来源于公众，涉及公共利益，必然受到社会公众的监督。因此，完善社会组织的监督体制不仅是落实社会工作知情权、监督权的必然，也是社会组织持续有效健康发展的应然。社会组织的监督主要分为内部监督、行政监督以及社会监督。其中，社会监督是一种非强制性的监督，也是对行政监督的补充，主要依靠社会对社会组织参与社会治理的活动进行监督。随着主体意识的强化以及社会治理的深入发展，苏南地区社会监督机制和相关制度也日益健全。社会组织作为社会治理的微观层面，直接以社会公众为服务对象，在复杂多样的需求以及错综复杂的社会环境下承接政府项目，丰富社会治理的内涵，不仅能够有效推动国家治理体系和治理能力的提升，还能为提升群众幸福感提供重要保障。由上文分析可知，苏南地区社会组织虽然取得了一系列的经验及成就，但是在社会监督层面，还没有建立起社会组织的内部章程和管理规定。在社会组织的实际运行中，由于组织负责人存在很大的话语权，监督机制即便可以运行，反馈制度也很难落地运行，长期以来监督管理规定形同虚设、很难落地。除此之外，也存在监督反馈途径单一，社会公众参与社会组织监督的频次不高、参与度较低等问题。

阳光是最好的防腐剂，监督是最好的净化剂。① 第一，落实苏南地区社

---

① 王瀚林. 改革百论［M］. 北京：人民出版社，2019：325.

会组织监督反馈机制创新，首要措施就是要完善社会组织内部的组织架构，使运行流程、资金状况更加透明化，让社会公众对社会组织更加了解，方便社会公众对社会组织监督，进一步规范和引导社会组织发展。社会监督作为第三方的监督，对社会组织能够形成公众压力，从而保证整个治理过程的公平公正，有效消除社会治理可能出现的法律、伦理风险。第二，社会组织应该健全监督激励制度。对于在社会组织运行中提出合理监督反馈意见的群众，要给予表扬和奖励，这样有助于社会组织良性运行，激发社会公众的监督活力。第三，社会组织利用网络渠道加强事务监督。在信息化时代，社会组织应该搭上互联网的顺风车，利用互联网加强社会治理。习近平总书记提出要加强社会治理的智能化水平，不断发挥网络"成风化人、凝心聚力"①的功能。也就是说，应将网络的即时揭露功能与传统媒体报道的深入发掘功能有机结合起来，形成监督合力。通过网络监督揭露和曝光社会组织的消极腐败行为，并且建立科学的监督举报反馈机制，对于反馈事件、调查处理结果的公布方式等做出明文规定和流程指引。第四，新闻媒体与社会公众要加强对社会组织的监督，促使社会组织时刻注意自己的言行举止。第五，通过设立匿名箱、举报有奖等方式，鼓励社会各界对社会组织进行常态化监督，及时曝光违法犯罪、非正常活动的负面典型，从反面警示和教育广大社会组织依规、依法、合理、合情参与社会治理活动。

第四节　增权赋能：社会组织治理模式与手段的创新

美国未来学家阿尔文·托夫勒（Alvin Toffler）在 1980 年出版的《第三次浪潮》（*The Third Wave*）中，提出了"大数据"一词，并极具热情地将"大数据"称颂为"第三次浪潮的华彩乐章"。随后，大数据凭借其基础性、

---

① 中共中央党史和文献研究院. 十八大以来重要文献选编：下［M］. 北京：中央文献出版社，2018：212.

规模性、高速性以及多样性等特征，在经济发展、政治建设、社会治理以及生态保护等诸多领域开始被普及运用。毋庸置疑，大数据时代悄然而至。作为全新的生产要素，世界各国积极开展将大数据转化为社会治理新动能的多重探索。习近平总书记指出："要审时度势、精心谋划、超前布局、力争主动，实施国家大数据战略，加快建设数字中国。"① 党的十九届四中全会提出，"要坚持和完善共建共治共享的社会治理制度，完善党委领导、政府负责、民主协商、社会协同、公众参与、法治保障、科技支撑的社会治理体系，建设人人有责、人人尽责、人人享有的社会治理共同体"，"科技支撑"首次在社会治理体系中亮相。由此，技术成为治理社会不可或缺的要素之一，演绎出创新社会治理的新范式。② 苏南地区不仅有经济优势、人才资源，而且具有领先全国其他区域的技术优势，充分利用以大数据为代表的技术成果，通过技术赋能，创新社会组织参与社会治理的手段和方式，已经成为当下提升社会治理体系和治理能力现代化水平的重要抓手。

一、借力科技，搭建多元主体接入平台

将大数据纳入国家战略管理已经在世界各国形成共识，取得显著成效。"大数据是通过量化角度认识世界的有效途径，是改变市场格局、组织结构，以及政府与公众关系的独特方法。对大数据的透彻掌握能使其转化为信息资本和数据资源，进而成为经济价值的来源。"③ 随着物联网、区块链、人工智能等技术的发展，社会治理精准化、科学化早已成为可能。大数据颠覆了传统的社会治理方式，转变政府本位、权力本位，以及官本位的治理理念，告别一元线性治理，更加强调系统性的多元共治。

当前，社会组织已经全面渗透到深化治理的整个过程和不同环节。在具

---

① 习近平：实施国家大数据战略 加快建设数字中国 ［EB/OL］. 新华网，2017-12-09.
② 杨雪冬．简论中国地方政府创新研究的十个问题 ［J］. 公共管理学报，2008（1）：16-26，120.
③ 于浩．大数据时代政府数据管理的机遇、挑战与对策 ［J］. 中国行政管理，2015（3）：127.

体实践中，应重点实现"大数据"与"社会治理"的技术嵌入，搭建多元主体接入平台。这就要求在实践中不能仅仅推动大数据技术的简单引入，而是更要注重利用大数据平台，提高感知主体风险、预测主体责任、防控治理危机的能力。即在社会治理中"高度重视大数据发展"，"秉持创新、协调、绿色、开放、共享的新发展理念，围绕建设网络强国、数字中国、智慧社会，全面实施国家大数据战略，助力中国经济从高速增长转向高质量发展"①。具而言之，首先，要全面推进社会治理数字化转型。用大数据思维促进改革，推进社会治理主体明晰责任，同时，利用互联网技术搭建共治平台时要注重主体合作流程的连贯性，简化流程，强化技术赋能，加强各主体协调治理和服务。建成充分发挥一体化社会治理服务平台，解决社会治理中的痛点、难点、堵点，使深化组织在社会治理中插上技术的翅膀，提升其治理能力和水平。其次，在充分利用数据带来便捷的同时，也必然要正视"信息孤岛"的局限性。在大数据时代，社会组织获取数据的方式不再单一，或从上级部门系统直接引用，或是自我研发，或是自我调研，从而导致不同社会组织甚至同一社会组织内部产生信息冲突或信息共享不够及时，导致各个主体作用难以兼容、信息无法共享，以及社会治理公信力有所缺失。因此，在搭建多元主体接入平台时，更要注重信息的对等性，打造大数据平台，破除"信息孤岛"，完善社会治理的信息开发和沟通渠道，最终实现多元主体共治的社会治理格局。

二、靶向设计，构建"点单—接单"对接机制

近年来，苏南地区社会组织在社会治理中取得一系列成效，在维护政治稳定、推动经济发展、推进文化繁荣，以及保护生态环境等方面做出了杰出贡献。其中，将技术与社会治理互嵌和互动、实现社会治理精准对接是主要的成功经验。因此，伴随着网络技术的快速发展，全面推进社会治理领域向

---

① 习近平. 致 2018 中国国际大数据产业博览会的贺信 [J]. 当代贵州, 2019（20）: 4.

数字化转型，利用大数据等信息技术，用数字化思维促进改革，构建"点单—接单"对接机制，应成为苏南地区社会组织参与社会治理改革的转折。

"点单—接单"对接机制是贯彻大数据时代社会组织发展特点以及落实上级政策的一种创新实践形式。基于供需双方，将满足社会公众的需求程度、快慢作为衡量社会治理创新的重要标准，最终目的就是为社会公众提供更加快捷、便利的社会公众服务。众所周知，社会组织参与社会治理的目标是满足社会公众的合理诉求。因此，利用科技搭建社会治理"点单—接单"对接机制，不仅可以有效整合公众资源减少资源耗损，还能快速解决社会治理难题，为社会组织参与社会治理的方法、原则提供方向。在建立"点单—接单"系统时，要注重社会组织的分类，按照"人岗相适，用其所长"的原则为每个社会组织合理分类，按照有利于社会公众的原则指引人们按需"下单"。在"点单—接单"对接机制上，同时设计"点单方"和"接单方"的评价区域，以客观、公正、可持续的原则合理设置评分。对于过高、过低的评价，设置专人岗位进行联络，做好"一一对接"，为后续的"下单""接单"的可持续发展提供保障。社会公众在系统上"按需下单"后，可以选择系统自动"派单"，也可以同时指派负责人、社会组织等，根据服务对象需要和类型限制完成时间，督促社会组织及时完成社会公众提出的要求。正如"菜合不合口，只有吃的人知道"，搭建"点单—接单"对接机制，还可以追踪到"点单方"的后续反馈，直击问题要害，确保问题的实际解决，用实实在在的服务赢得社会公众的"好评"。因此，构建"点单—接单"对接机制是在政府指引下解决社会公众需求的科学反馈平台，具有传递社会需求、社会治理机制创新的普适价值，同时，也是社会组织之间多方联动、责任共担的协作平台，为"点单—接单"双方提供资源整合与配套服务，从而最大化发挥社会组织在社会治理中的特定价值。换言之，"点单—接单"的对接机制符合大数据时代人们对信息传播特点的把握，帮助社会需求精确对接社会供给，其背后折射的是党和政府对新时代下社会治理方式创新的把握。这种技术特色鲜明的对接机制，以人民群众最关心最直接最现实的利益问题为切入点，实现了大数据、人工智能等技术供给与社会治理需求的精准对接，能够有效提升社会组织参与社会治理的效度。

三、强化指导与培训，提高社会组织治理的专业化水平

专业化是社会组织参与社会公共事件治理的主要特色和最大优势。社会组织独特的参与理念、治理方法及其工作方式，使其在社会治理的不同环节、过程和不同阶段，要去发挥"政府不能为、市场不愿为"而"社会组织有作为"的独特社会治理功能。但是，当下社会组织如何参与社会治理又是一个全新的课题。本书认为，强化指导与培训，提高社会组织参与社会治理的专业化水平，已经成为提高我国社会组织参与公共事件治理的首要问题。具体而言，可以从以下几方面入手。

一是加强对社会组织的指导。业务主管部门应针对苏南地区社会组织参与社会治理的特殊性和自身规律性等特点出台社会组织参与治理的工作指南，编制具有可操作性的工作手册；出台社会组织参与社会治理的地方性指导性文件等，使社会组织熟悉群体参与社会治理的工作流程和必须遵守的社会工作伦理。可以通过现场指导、典型案例剖析、经验总结等形式对社会组织进行指导，推动社会组织工作人员专业化、职业化水平的提高。二是强化对社会组织的教育培训。针对苏南地区社会组织人员队伍建设面临的流动性大、素质不高、专业技能水平不足、参与社会治理水平较低等问题，应积极加强院校合作，在高校增加社会组织参与社会治理方面的课程，对社会组织进行系统的教育培训。应通过举办各类培训班、研修班，对社会组织主要负责人和专职工作人员进行培训，尽快提高其参与社会治理的水平。三是培育志愿者队伍。增强社会组织特别是公益组织的社会动员能力，积极利用社会资源，广泛建立志愿者团队。创新志愿服务方式，把社会组织类型、服务项目、社区需求与志愿者的专业特长有机结合，充分发挥志愿者的潜能。四是建立社会组织人才支持机制。应根据苏南地区实际特点，建立和出台社会组织工作人员薪酬、职称、保险，以及激励等系列政策，保障社会组织中工作

人员的权益。改革社会组织人才管理体制，建立符合组织使命和价值取向的人力资源管理系统，构建机制合理、公平高效的社会组织人力资源管理新模式。五是加强信息化建设。应根据群体性事件的治理要求和社会组织的类别建立数据库，实现政府与社会组织的资源共享，确保社会组织全面参与社会治理。

四、创新社会治理模式，提高社会组织治理能力

20世纪90年代以来，我国社会治理逐渐走出了国家主义模式，多主体合作共治背景下，提高社会组织参与社会治理能力已经成为我国当下社会治理创新的重要内容。但是，当下我国社会组织参与社会治理还面临诸多制度、机制等方面的障碍和限制。为此，应创新社会治理模式，增权赋能，提高社会组织参与社会治理水平和能力。一是加快政府机构改革，实现政府职能转变，通过政府放权与分权，社会组织增权与赋权，逐步构建"强政府—强社会"的社会共治模式。通过简政放权，为社会组织释放合理的社会治理空间，鼓励社会组织依法参与社会公共事件治理，提高社会组织的社会治理水平，实现政府与社会组织在社会治理中的互联、互补和互动的良性社会治理模式。二是实施社会组织"民间化"工程。借鉴国际经验，科学界定社会组织与政府、市场三者的边界，合理定位与规范社会组织的社会功能，加快"去行政化"步伐，实施社会组织民间化发展道路，实现社会组织"组织民间化、运行市场化、管理科学化"的可持续发展道路。三是加强合作，提高社会组织社会治理能力。首先，加强"政—社"合作。提高社会组织承接政府职能转移的能力，在合作中提升社会组织的社会治理能力和水平。其次，加强"社—企"市场的合作。通过完善购买服务机制，弥补政府与市场提供公共服务的不足，提升社会组织的服务内容和服务水平。再次，加强"社—社"合作。鼓励社会组织之间，以及社会组织与基层民众之间的交流与合作，充分体现其与人民群众联系紧密的基层性、民间性特点，发挥其反映群众诉求、化解社会矛盾及时、灵活的优点，使其在社会服务、社会治理过程

中充分发挥自身的价值，尤其支持社会组织在群体性事件等公共管理事件中发挥积极作用。最后，构建社会组织参政议政的平台。提高社会组织在各级人大、政协等组织中的代表比例和数量，探索在人大、政协中设立社会组织方面的专门委员会或组别。鼓励社会组织积极参政议政，尽快建立社会组织参与机制和利益表达机制，支持和鼓励社会组织开展社区服务，参与所在辖区的建设、管理和民主决策。

五、他律与自律相结合，提高社会组织参与社会治理公信力

如前文所述，苏南地区社会组织整体发展参差不齐，特别是有的社会组织缺乏行业自律，法治意识不强。个别社会组织工作人员违反职业伦理和职业操守，投机钻营，唯利是图，严重影响社会组织的社会公信度。作为弥补政府和市场不足的第三方力量，社会组织如果无法赢得社会民众的信任，就会失去其存在的价值和发展的动力。因此，应加强社会组织自律性，提高社会组织公信力。

为此，应尽快建立政府监管、社会监督、行业自律和信息公开四结合的监管机制，提高苏南地区社会组织社会形象和社会公信力。一是政府监管机制。政府应出台相应的规范措施，对社会组织的发展予以指导和监督，通过法律、税收、财政及其评估等制度政策加以规制和引导，规范社会组织行为；完善人大、政协、信访等政府部门的监督职能，受理并处理与社会组织有关的检举、投诉等案件，强化对社会组织的监督和监管；开展社会组织诚信建设，建立社会组织信息披露制度、重大事项报告、公众投诉等制度；通过建立相应的奖罚机制和社会组织内部治理机制，提高社会组织人员素质，增强社会组织的社会协调能力、危机公关能力和公共事件参与效率，打造社会组织规范、高效、廉洁、诚信的良好社会形象。二是社会监督机制。建立社会组织信息数据库，定时向社会公布社会组织发展和运作的相关信息，接受社会的监督；对社会组织进行信用等级评定并及时向社会公布结果，定期对社会组织的财务状况进行审计，提高其资金使用的透明度，接受社会监

督；加大新闻媒体的舆论监督，强化各类新闻媒体的舆论监督功能，建立违法乱纪、缺乏诚信的社会组织的惩戒机制，引导其提高自我管理、自我约束、自我规范的能力。三是社会组织行业自律机制。进一步完善实施社会组织服务承诺制度，在服务项目、服务方式、服务质量、服务责任和收费标准等方面制定服务行业标准，提高社会组织的自身能力和社会公信力；建立行业自律机制，按照"规范化、专业化、标准化"原则进行科学规划，提高社会组织的知名度和社会美誉度；加强社会组织伦理规范建设，成立行业伦理委员会，制定社会组织从业人员职业伦理规范；加强社会组织从业人员的伦理教育，培养其敬业、奉献的职业操守。

第五节 "合规"管理：防范社会组织治理风险

合规，是当下社会组织治理的重点话题之一。对社会组织来说，合规管理的主要价值和意义在于，合规不是限制社会组织的发展，而是从内在机理层面支持和保障社会组织的良性健康发展。换言之，苏南地区社会组织参与社会治理面临的困境，既要破除其面临的"结构性困境"，也要从社会组织自身属性和区域特性角度进行"合规"管理。

一、"合规"内涵及功能

经过很长一段时期，我国对社会组织管理形成了"分散设立、多头管理"的管理机制。1988 年，《基金会管理办法》（1988 年）颁布，开始实施社会组织归口管理，并结合社会组织发展实际不断改革社会组织管理模式。改革开放后，社会组织管理体制的发展大致经过"多头管理时期"（1978—1988 年）、"双重管理"时期（1988—2004 年）、"双重管理"时期（2004—2012 年）和"后双重管理"时期（2012 年至今）。随着我国社会组织的不断发展，我国以"双重管理"为核心的社会组织管理体制也不断完善和日臻成熟。尤其是近年来，随着"直接登记制""一业多会制"的实施，社会组织管理进入"后双重管理"体制时代。① 但"双重管理"自身具有的"分类管理"②"监护型控制"③"嵌入型监管"④ 等问题使其在实践中饱受学界争议。基于此，近年来，"合规管理"逐渐成为学界关注的学术热点。⑤

合规，英文 compliance。据词释义，合规即"合乎规定""遵守规则"或"遵循法律规定"。国际标准化组织《合规管理体系指南》将其解释为"履行组织的全部合规义务"，即通过将合规融入组织文化及其工作人员的行为和态度中，使合规具有可持续性。⑥ 这里的合规即"合规律性"与"合法性"，指"实体的行为在某一社会结构的标准体系、价值体系和信仰体系及定义体系内是合意的、正当的、合适的"⑦。这里的"规"不仅包括法律法规、规章制度等正式规则，还包括社会共同的信念、行动逻辑等道德和认知因素。萨奇曼（Mark C. Suchman）认为，合规性内含"实效""道德"和"认知"三个层面的价值诉求。⑧ 由此可见，"合规"是他者（第三方）对社会组织基的一种要求或外部评价。⑨

我国关于"合规"的规定，最早出现于 2018 年的《中央企业合规管理指引（试行）》（以下简称《指引》），《指引》对"合规"的界定："中央

① 郁建兴，周俊，沈永东，等. 后双重管理体制时代的行业协会商会发展 [J]. 浙江社会科学，2013（12）：53−61，77，156−157.
② 康晓光，韩恒. 分类控制：当前中国大陆国家与社会关系研究 [J]. 社会学研究，2005（6）：73−89，243−244.
③ 邓正来，丁轶. 监护型控制逻辑下的有效治理：对近三十年国家社团管理政策演变的考察 [J]. 学术界，2012（3）：5−26，257−265.
④ 刘鹏. 从分类控制走向嵌入型监管：地方政府社会组织管理政策创新 [J]. 中国人民大学学报，2011，25（5）：91−99.
⑤ 周俊. 走向"合规性监管"：改革开放 40 年来社会组织管理体制发展回顾与展望 [J]. 行政论坛，2019，26（4）：133−139.
⑥ 何国科. 社会组织合规管理概念及内涵参考 [EB/OL]. 网易，2023−07−10.
⑦ 王勇. 全国直接登记社会组织已超 3 万 [N]. 公益时报，2015−03−17（3）.
⑧ SUCHMAN M C. Managing Legitimacy：Strategic and Institutional Approaches [J]. The Academy of Management Review，1995，20（3）：571−610.
⑨ 何国科. 社会组织合规管理概念及内涵参考 [EB/OL]. 网易，2023−07−10.

企业及其员工的经营管理行为符合法律法规、监管规定、行业准则和企业章程、规章制度以及国际条约、规则等要求。"2021 年，最高人民检察院在司法领域试点"合规不起诉"制度，开启了司法领域的"合规"制度。目前，学界对于社会组织"合规"的本质内涵尚无共识。业界人士认为，社会组织"合规"可以概括为"社会组织运作管理行为符合法律法规政策、内部规章制度以及社会伦理道德规范等要求"①。其中，"合规"的"规"，既包括国家层面制定的各种法律法规和社会组织自身运行而建立起来的正式规章制度等"成文法"，也包括公序良俗、公益伦理和社会道德规范等"非成文法"，包含一切规范和约束社会组织良性发展的社会化规范。从价值性角度分析，社会组织"合规"有正向激励和反向倒逼两种价值功能：正向激励功能是指社会组织"合规"可以强化其遵纪守法和自身伦理特质，提高社会组织专业性和公信力；反向倒逼功能是指社会组织"合规"可以使其在运营中避免出现违规、违法和违反组织伦理的现象，从而降低运行成本，规避"合规风险"。②

二、非政府性、非营利性、公益性：社会组织"合规"目标

本质上，社会组织"合规"是要求社会组织发展应"合乎自身内在诉求"，而不能越界和违规。社会组织自身的内在诉求就是社会组织自身特质的外在呈现。目前，学界对社会组织的称谓既有"非营利组织""非政府组织"，也有"第三部门""志愿部门"等。虽然称谓各异，但对其本质特性的认知基本一致，即普遍认可美国学者萨拉蒙教授的"五特征说"③，即组织性、非政府性、非营利性、自治性和志愿性。由此，社会组织"合规"也应以此为依据和边界。

---

① 何国科. 社会组织合规管理概念及内涵参考［EB/OL］. 网易，2023-07-10.
② 何国科. 社会组织合规管理概念及内涵参考［EB/OL］. 网易，2023-07-10.
③ 王名，刘国翰，何建宇. 中国社团改革：从政府选择到社会选择［M］. 北京：社会科学文献出版社，2001：10-13.

目前，社会组织领域涉及法律法规政策众多。除了《中华人民共和国宪法》和《中华人民共和国民法通则》等基本的法律规定，还有《社会团体登记管理条例》《民办非企业单位登记管理暂行条例》《基金会管理条例》及地方性法规和规章等，共同构成了我国社会组织得以开展活动的制度空间。但无论建立多少"成文法"和"不成文法"，社会组织"合规"都离不开其自身的"五个特征"。综合社会组织的"五个特征"，可以将其概括为非政府性、非营利性和公益性三个层面。一是非政府性，即社会组织是与政府完全不同的两种组织形式，不能将社会组织与政府混为一谈。换言之，社会组织本身并不具有法律赋予的强制力，不能强制收费，不得利用行业地位或依附政府行使公权。二是非营利性，即社会组织不是企业，不以营利作为目的，社会组织不具备"投资"和"增利"功能。三是公益性，志愿性和公益性是社会组织的基本特征，因此，公益性是社会组织的本质属性之一。换言之，"公益最大化"应成为社会组织"合规"的内在诉求——为了公共大多数人服务，而非为组织（机构）或个人提供利益输送。①

三、社会组织"合规"管理

社会组织"合规"管理主要分为社会组织"合规"内容与"合规"实践两方面。从内容上看，社会组织"合规"主要涉及以下方面。第一，社会组织内部治理"合规"。社会组织内部运营有着自身的逻辑边界和行为规则，相关部门、机构和子系统之间有着均衡博弈的制度安排，以保障其各自目标、目的和宗旨的实现。因此，社会组织内部治理必须按照国家的相关规范性文件、明确规则和要求开展活动。第二，内部机构设置的"合规"。内设机构包含社会组织按照其宗旨设置的各层级的部分、分支机构，而分支机构的设置的程序、规模、定位、命名、边界以及退出等方面均有相关的规范和明确的合规管理责任。第三，社会组织决策"合规"。尤其是涉及重大事项、

---

① 何国科. 社会组织合规管理概念及内涵参考［EB/OL］. 网易，2023-07-10.

重大资金、涉外、重大活动等重要事项，都应依法、依规履行法定手续及重大事项报告报备等制度，使其从形式到内容"合规"。第四，信息公开"合规"。社会组织在财产状况、资金使用、人员安排、活动发布等方面应依法依规地向社会公开信息，接受社会公开监督，提高社会组织运营的公信力和透明度。第五，捐赠募捐"合规"。社会组织接受捐赠必须按照相关规定遵循无偿性、公益性和尊重捐赠人意愿的原则。尤其是开展捐赠募捐活动应具备相关资质，并依规上报登记和备案，接受监督管理。第六，服务收费"合规"。按照现行社会组织管理规定，教育类、医疗类、养老类等社会组织在提供相应服务时可以收取相应费用，但其服务收费必须严格按照相关法律和政策的要求，不得违规收费。第七，项目"合规"。社会组织设立项目必须严格限定在其宗旨和业务范围内，同时，在项目管理、资金使用、可行性分析、预算结算、结项评估、专项审计等方面都应遵照国家法律法规和公司章程的相关规定。第八，劳动人事"合规"。社会组织在人员招聘和使用方面，应遵循《中华人民共和国劳动合同法》等法律法规的规定，合法合规用工。第九，志愿服务"合规"。志愿者和劳动者是两个不同概念，社会组织应依法规范使用志愿者，杜绝将志愿服务与营利性活动联系在一起，同时，要保障志愿者的权利和义务等。第十，知识产权"合规"。社会组织既要保护自身知识产权，又不得在运营中侵犯第三方知识产权，避免因知识产权保护意识淡薄面临"合规"风险。①

从管理层面看，社会组织"合规"可以从以下层面展开。第一，塑造"合规"意识和"合规"价值观。社会组织应将"合规"意识贯穿整个组织的结构、组织价值观、道德规范和从业人员的信仰、行为，并与其自身结构和控制系统有机互动，从而在思想上树立"合规"意识。具体而言，一方面，应建构"合规"价值观，完善组织合规文化，使"合规"意识深入人心；另一方面，强化教育，指导"合规"培训，使"合规"意识内化于心、

---

① 何国科.社会组织合规管理概念及内涵参考［EB/OL］.网易，2023-07-10.

外化于行。第二，建构"合规"约束机制。一方面，是健全社会组织内部管理的相关组织规章制度，建构内部约束机制，从社会组织内部防范"合规"风险；另一方面，加强外部监管、监督，通过上级业务指导、媒体监督和第三方评估等方式，完善社会组织外部约束机制，预防和减少可能面临的"合规"风险。第三，激活社会组织自我主动"合规"动力。进一步健全社会组织"合规"的奖励激励机制，通过表彰、评比、免于年检、资金资助或者其他优惠政策，激发社会组织合规的内在动力。第四，创新社会组织合规管理方式方法。鼓励社会组织积极探索网络环境下社会组织运营和发展的新模式、新手段和新方法，通过网络信息系统进行合规管理。尤其是社会组织应依托大数据等信息技术，加强对重点领域、关键环节，以及重要人员的在线管控，实时分析合规风险，推动社会组织健康有序发展。①

---

① 何国科. 社会组织合规管理概念及内涵参考 [EB/OL]. 网易，2023-07-10.

参考文献

一、中文文献

（一）经典类

[1] 邓小平. 邓小平文选：第 3 卷 [M]. 北京：人民出版社，1993.

[2] 毛泽东. 毛泽东选集：第 5 卷 [M]. 北京：人民出版社，1997.

[3] 习近平. 高举中国特色社会主义伟大旗帜 为全面建设社会主义现代化国家而团结奋斗：在中国共产党第二十次全国代表大会上的报告 [M]. 北京：人民出版社，2022.

[4] 习近平. 决胜全面建成小康社会 夺取新时代中国特色社会主义伟大胜利：在中国共产党第十九次全国代表大会上的报告 [M]. 北京：人民出版社，2017.

[5] 习近平. 习近平谈治国理政：第 1 卷 [M]. 北京：外文出版社，2014.

[6] 习近平. 在第十八届中央纪律检查委员会第六次全体会议上的讲话 [M]. 北京：人民出版社，2016.

[7] 中共中央党史和文献研究院. 十八大以来重要文献选编：下 [M]. 北京：中央文献出版社，2018.

[8] 中共中央关于坚持和完善中国特色社会主义制度 推进国家治理体系和治理能力现代化若干重大问题的决定 [M]. 北京：人民出版社，2019.

[9] 中共中央马克思恩格斯列宁斯大林著作编译局.列宁全集：第33卷 [M].北京：人民出版社，2017.

[10] 中共中央马克思恩格斯列宁斯大林著作编译局.马克思恩格斯全集：第1卷 [M].北京：人民出版社，1956.

[11] 中共中央马克思恩格斯列宁斯大林著作编译局.马克思恩格斯文集：第1卷 [M].北京：人民出版社，2009.

[12] 中共中央马克思恩格斯列宁斯大林著作编译局.马克思恩格斯选集：第2卷 [M].北京：人民出版社，1995.

[13] 中共中央文献研究室.十八大以来重要文献选编：中 [M].北京：中央文献出版社，2016.

[14] 中共中央文献研究室.习近平关于科技创新论述摘编 [M].北京：中央文献出版社，2016.

[15] 中共中央文献研究室.习近平关于全面深化改革论述摘编 [M].北京：中央文献出版社，2014.

[16] 中共中央文献研究室.习近平关于社会主义社会建设论述摘编 [M].北京：中央文献出版社，2017.

[17] 中共中央宣传部.习近平总书记系列重要讲话读本 [M].北京：人民出版社，学习出版社，2016.

（二）译著

[1] 阿尔蒙德，鲍威尔.比较政治学：体系、过程和政策 [M].曹沛霖，郑世平，公婷，等译.上海：上海译文出版社，1987.

[2] 阿尔蒙德，维巴.公民文化：五个国家的政治态度和民主制 [M].徐湘林，戴龙基，唐亮，等译.北京：东方出版社，2008.

[3] 奥尔森.集体行动的逻辑 [M].陈郁，郭宇峰，李崇新，译.上

海：上海人民出版社，1995.

　　[4] 奥斯特罗姆. 公共事务的治理之道［M］. 余逊达，陈旭东，译. 上海：上海译文出版社，2012.

　　[5] 波普诺. 社会学［M］. 刘云德，王戈，译. 沈阳：辽宁人民出版社，1987.

　　[6] 布迪厄，华康德. 实践与反思：反思社会学导引［M］. 李猛，李康，译. 北京：中央编译出版社，2004.

　　[7] 登特里维斯. 作为公共协商的民主：新的视角［M］. 王英津，等译. 北京：中央编译出版社，2006.

　　[8] 蒂利，塔罗. 抗争政治［M］. 李义中，译. 南京：译林出版社，2010.

　　[9] 戈夫曼. 污名：受损身份管理札记［M］. 宋立宏，译. 北京：商务印书馆，2009.

　　[10] 格里姆塞，刘易斯. 公私合作伙伴关系：基础设施供给和项目融资的全球革命［M］. 济邦咨询公司，译. 北京：中国人民大学出版社，2008.

　　[11] 古丁. 保护弱势：社会责任的再分析［M］. 李茂森，译. 北京：中国人民大学出版社，2008.

　　[12] 哈贝马斯. 在事实与规范之间：关于法律和民主法治国的商谈理论［M］. 童世骏，译. 北京：生活·读书·新知三联书店，2003.

　　[13] 赫茨琳杰. 哈佛商业评论精粹译丛：非营利组织管理［M］. 北京新华信商业风险管理有限责任公司，译校. 北京：中国人民大学出版社，2000.

　　[14] 吉登斯. 社会的构成：结构化理论大纲［M］. 李康，李猛，译. 北京：生活·读书·新知三联书店，1998.

[15] 吉瑞赛特. 公共组织管理：理论和实践的演进 [M]. 李丹，译. 上海：上海译文出版社，2003

[16] 柯尔库夫. 新社会学 [M]. 钱翰，译. 北京：社会科学文献出版社，2000.

[17] 科尔曼. 社会理论的基础 [M]. 邓方，译. 北京：社会科学文献出版社，1999.

[18] 科塞. 社会冲突的功能 [M]. 孙立平，等译. 北京：华夏出版社，1989.

[19] 库恩. 科学革命的结构 [M]. 金吾伦，胡新和，译. 北京：北京大学出版社，2003.

[20] 拉斯韦尔. 政治学 [M]. 杨昌裕，译. 北京：商务印书馆，1992.

[21] 罗尔斯. 正义论 [M]. 何怀宏，何包钢，廖中白，译. 北京：中国社会科学出版社，1988.

[22] 罗西瑙. 没有政府的治理 [M]. 张胜军，刘小林，等译. 南昌：江西人民出版社，2001.

[23] 迈尔斯. 社会心理学 [M]. 张智勇，乐国安，侯玉波，等译. 北京：人民邮电出版社，2006.

[24] 麦克亚当，塔罗，斯蒂利. 斗争的动力 [M]. 屈平，李义中，译. 南京：译林出版社，2006.

[25] 米尔斯. 社会学想象力 [M]. 陈强，张永强，译. 北京：生活·读书·新知三联书店，2001.

[26] 默顿. 社会理论和社会结构 [M]. 唐少杰，齐心，等译. 南京：译林出版社，2006.

[27] 诺思. 经济史中的结构与变迁 [M]. 陈郁，罗华平，等译. 上海：上海三联书店，上海人民出版社，1994.

［28］诺思．制度、制度变迁与经济绩效［M］．杭行，译．上海：格致出版社，上海三联书店，上海人民出版社，2008.

［29］萨拉蒙．公共服务中的伙伴：现代福利国家中政府与非营利组织的关系［M］．田凯，译．北京：商务印书馆，2008.

［30］萨拉蒙．全球公民社会：非营利部门国际指数［M］．陈一梅，译．北京：北京大学出版社，2007.

［31］萨拉蒙．全球公民社会：非营利部门视界［M］．贾西津，魏玉，等译．北京：社会科学文献出版社，2007.

［32］萨特．存在与虚无［M］．陈宣良，等译．合肥：安徽文艺出版社，1998.

［33］桑德斯．社区论［M］．徐震，译．台北：黎明文化事业公司，1982.

［34］桑斯坦．极端的人群：群体行为的心理学［M］．尹宏毅，郭彬彬，译．北京：新华出版社，2010.

［35］森．以自由看待发展［M］．任赜，于真，译．北京：中国人民大学出版社，2002.

［36］施拉姆．大众传播媒介与社会发展［M］．金燕宁，蒋千红，朱剑红，译．北京：华夏出版社，1990.

［37］斯科特．农民的道义经济学：东南亚的反叛与生存［M］．程立显，刘建，等译．南京：译林出版社，2013.

［38］斯科特．弱者的武器［M］．郑广怀，张敏，何江穗，译．南京：译林出版社，2011.

［39］塔罗．运动中的力量：社会运动与斗争政治［M］．吴庆宏，译．南京：译林出版社，2005.

［40］汤森，沃马克．中国政治［M］．顾速，董方，译．南京：江苏人

民出版社，1996.

[41] 特纳．社会学理论的结构 [M]．吴曲辉，等译．杭州：浙江人民出版社，1987.

[42] 涂尔干．社会学方法的准则 [M]．狄玉明，译．北京：商务印书馆，1995.

[43] 托克维尔．旧制度与大革命 [M]．冯棠，译．北京：商务印书馆，2012.

[44] 瓦戈．社会变迁 [M]．王晓黎，等译．北京：北京大学出版社，2007.

[45] 韦伯．经济与社会：上卷 [M]．林荣远，译．北京：商务印书馆，1997.

[46] 耶林．为权利而斗争 [M]．郑永流，译．北京：法律出版社，2007.

[47] 伊斯顿．政治生活的系统分析 [M]．王浦劬，译．北京：华夏出版社，1989.

（三）专著

[1] 蔡定剑．中国人民代表大会制度 [M]．北京：法律出版社，2003.

[2] 常州市统计局，国家统计局常州调查队．常州统计年鉴 2022 [M]．北京：中国统计出版社，2022.

[3] 陈广胜．走向善治 [M]．杭州：浙江大学出版社，2007.

[4] 费孝通．乡土中国 [M]．上海：上海人民出版社，2007.

[5] 和春雷．社会保障制度的国际比较 [M]．北京：法律出版社，2001.

[7] 江苏省统计局，国家统计局江苏调查队．江苏统计年鉴 2022

[M].北京：中国统计出版社，2023.

[8] 蒋红.马克思市民社会理论研究 [M].北京：人民出版社，2007.

[9] 蒋孟引.英国史 [M].北京：中国社会科学出版社，1988.

[10] 金丽馥，石宏伟.社会保障制度改革研究 [M].北京：中国经济出版社，2000.

[11] 孔德元.政治社会学导论 [M].北京：人民出版社，2001.

[12] 李培林.农民工：中国进城农民工的经济社会分析 [M].北京：社会科学文献出版社，2003.

[13] 李维.习近平重要论述学习笔记 [M].北京：人民出版社，2014.

[14] 梁德友.关怀的伦理之维：转型期中国弱势群体伦理关怀研究 [M].南京：南京大学出版社，2013.

[15] 廖鸿，石国亮，朱晓红.国外非营利组织管理创新与启示 [M].北京：中国言实出版社，2011.

[16] 彭柏林，卢先明，李彬，等.当代中国公益伦理 [M].北京：人民出版社，2010.

[17] 秦晖.变革之道 [M].郑州：郑州大学出版社，2007.

[18] 苏州市统计局，国家统计局苏州调查队.苏州统计年鉴2022 [M].北京：中国统计出版社，2022.

[19] 王瀚林.改革百论 [M].北京：人民出版社，2019.

[20] 王名.非营利组织管理概论 [M].北京：中国人民大学出版社，2010.

[21] 王名，刘国翰，何建宇.中国社团改革：从政府选择到社会选择 [M].北京：社会科学文献出版社，2001.

[22] 王名.社会组织概论 [M].北京：中国社会出版社，2010.

[23] 王名.社会组织论纲 [M].北京：社会科学文献出版社，2013.

[24] 王名. 中国民间组织 30 年 [M]. 北京：社会科学文献出版社，2008.

[25] 俞可平. 论国家治理现代化 [M]. 北京：社会科学文献出版社，2014.

[26] 俞可平. 治理与善治 [M]. 北京：社会科学文献出版社，2000.

[27] 翟秀红. 第三部门及其法律问题研究 [M]. 北京：中国政法大学出版社，2013.

[28] 张国清. 社会治理研究 [M]. 杭州：浙江教育出版社，2013.

[29]《中共中央关于坚持和完善中国特色社会主义制度、推进国家治理体系和治理能力现代化若干重大问题的决定》辅导读本 [M]. 北京：人民出版社，2019.

[30] 周红云，俞可平. 中国的民主治理：理论与实践之社会管理创新 [M]. 北京：中央编译出版社，2013.

[31] 斯特里腾. 非政府组织和发展 [M] // 何增科. 公民社会与第三部门. 北京：社会科学文献出版社，2000.

[32] 荀悦. 前汉记：卷十 [M] // 司马光. 资治通鉴：第 2 册. 上海：中华书局，1956.

[33] 郑杭生. 社会和谐与公共性 [C] // 前沿创新发展：学术前沿论坛十周年纪念文集（2001—2010 年）. 2011.

（四）期刊

[1] 车峰，周雅琳，原珂. 刚柔并济：社区治理共同体建构的一个解释性框架：基于 C 市 X 社区的考察 [J]. 上海行政学院学报，2024，25（1）.

[2] 陈利根，陶嘉诚. 多中心协同治理：何以可能，何以可为?：基于江苏 C 县农村人居环境治理的经验诠释 [J]. 西北农林科技大学学报（社会

科学版），2024，24（1）.

　　［3］程慧，贾广宇. 社会组织协同参与乡村振兴路径研究：以 F 基金会参与南峪村实践为例 ［J］. 河北师范大学学报（哲学社会科学版），2024，47（1）.

　　［4］戴洁. 制度转型、组织行为与犯罪的多元治理：一种新的犯罪解释论及治理框架 ［J］. 法学，2024（2）.

　　［5］冯定国. 新时代中国共产党城乡社区治理理念剖析：基于党和国家相关政策文件及实践的分析 ［J］. 四川行政学院学报，2024（4）.

　　［6］高传胜. 为何与何为：新发展阶段民生服务领域供给侧结构性改革 ［J］. 山西师大学报（社会科学版），2024，51（2）.

　　［7］郭道久，康炯慧. 嵌入—合作型社会企业：就业帮扶车间的组织性质及发展 ［J］. 河南社会科学，2024，32（2）.

　　［8］郭红霞，王珊. 新的社会阶层人士助力共同富裕的实践路径与政策建议 ［J］. 中央社会主义学院学报，2024（1）.

　　［9］郭艳芳，陆洲. 论我国行政调解制度的文本冲突与规范路径 ［J］. 华北理工大学学报（社会科学版），2024，24（1）.

　　［10］何强，王梓涵，杨星宇. 迈向多元共治：基层青少年体育公共服务治理共同体的建构与运行：大理州青训营的个案考察 ［J］. 重庆师范大学学报（社会科学版），2023，43（6）.

　　［11］侯利文. 社会回应政治：社会组织党建的内在逻辑与功能进阶：以 Y 社区服务中心为例 ［J］. 学习与实践，2024（2）.

　　［12］侯新兵. 论大学治理的社会参与：何以可能、何以可为、何以限为 ［J］. 扬州大学学报（高教研究版），2023，27（6）.

　　［13］侯再宣，童欢. 梗阻与纾解：融媒体视域下主流意识形态传播力的提升 ［J］. 中共云南省委党校学报，2024，25（1）.

[14] 黄惠，卢义桦. 农村养老服务体系的构建原则与运行机制 [J]. 南京社会科学，2023（12）.

[15] 贾玉娇. 乡村振兴战略转化为社会行动的社会动员机制研究 [J]. 济南大学学报（社会科学版），2024，34（1）.

[16] 江亚洲，周俊. 第三次分配的社会机制：基本构成与作用机理 [J]. 江苏社会科学，2024（1）.

[17] 姜永禧. 马克思《德意志意识形态》关于市民社会概念的论述 [J]. 赤峰学院学报（汉文哲学社会科学版），2013，34（12）.

[18] 李贝津，富晓星. "角落里"的行动：草根大学生志愿服务组织的自主性研究 [J]. 中国志愿服务研究，2023，4（4）.

[19] 李华胤. 基层妇联组织在乡村治理中的主体性功能及实现路径 [J]. 中国农业大学学报（社会科学版），2024，41（1）.

[20] 李群弟，葛斌. 中国式基层治理法治化：内涵、功能与推进路径 [J]. 大连干部学刊，2024，40（1）.

[21] 李雪峰，丁一凡. 网格化管理对村民参与公共事务治理的影响 [J]. 华南农业大学学报（社会科学版），2024，23（1）.

[22] 李振，王啸林. 水滴型组织的结构、动员机制及其对平台治理的启示：以演艺行业网络粉丝社群组织为例 [J]. 公共管理与政策评论，2024，13（1）.

[23] 栗燕杰. 优化完善中国特色慈善法律制度体系 [J]. 中国党政干部论坛，2023（12）.

[24] 刘洋. 资源性小微枢纽："五社联动"中的社区基金 [J]. 山东行政学院学报，2024（1）.

[25] 刘银喜，王瑞娟，蔡毅臣. 数据治理共同体的内涵意蕴及其构建路径：基于国家数据局的职责构成分析 [J]. 内蒙古社会科学，2024，45

(1).

[26] 毛佩瑾，陈婧. 国际科技社团治理经验及启示研究：基于"制度—结构—关系"框架 [J]. 开放导报，2024（1）.

[27] 毛一敬，刘建平. 社会再组织化与村级治理有效：基于湖北"雁子工作室"治理经验的实证分析 [J]. 华中科技大学学报（社会科学版），2024，38（1）.

[28] 聂建亮，赵腾，吴玉锋. 外源内生型社会组织参与农村社会治理何以可能？[J]. 长白学刊，2024（2）.

[29] 欧阳健威. 新时代构建社会治理共同体的实践路径 [J]. 中共乐山市委党校学报，2024，26（1）.

[30] 汪来杰，李志星. 社区治理碎片化：表现形式、生成机理、破解路径 [J]. 决策科学，2023（4）.

[31] 汪庆华，白蕾. 资源依赖下社会组织参与社区微治理的自主性何以生成？：以上海市 Y 组织为例 [J]. 上海大学学报（社会科学版），2024：41（1）.

[32] 王杰. 社区基金会何以形塑社区慈善共同体：评朱志伟《社区基金会资源动员的行动过程研究》[J]. 学术评论，2023（6）.

[33] 王新松，付云翠，杨若辰. 以培育社会资本为路径构建城市社区治理共同体：基于国际经验的比较研究 [J]. 社会治理，2023（6）.

[34] 王玉生，赵雅棋. 回应性监管：网络社会组织有效监管的实践策略 [J]. 吉首大学学报（社会科学版），2024，45（3）.

[35] 文军. 中国社会组织发展的角色困境及其出路 [J]. 江苏行政学院学报，2012（1）.

[36] 吴磊，唐书清. 新时代第三次分配推动共同富裕的传导机制：基于以人民为中心思想的考察 [J]. 华南师范大学学报（社会科学版），2024

(1).

[37] 吴卫星.环保组织提起海洋环境民事公益诉讼的原告资格：实践检视与法理证成 [J].南京工业大学学报（社会科学版），2023，22（6）.

[38] 夏可恒.中介性的生产：志愿服务组织参与社区治理的路径选择 [J].江汉大学学报（社会科学版），2024，41（1）.

[39] 徐家良，吴晓吁.社会组织协商的夹层角色与共治路径：基于制度环境与社会参与的类型学考察 [J].社会科学文摘，2024（2）.

[40] 徐家良.新时代社会组织党建的有效性困境及其路径优化 [J].社会科学辑刊，2024（2）.

[41] 徐炜，刘博维.社区居民参与基层治理的社会动员研究 [J].求实，2024（1）.

[42] 杨宝，杜晨阳.混合式购买与回应性治理：中国政府购买服务的实践逻辑 [J].吉林大学社会科学学报，2024，64（1）.

[43] 杨丽，赵小平，游斐.社会组织参与社会治理：理论、问题与政策选择 [J].北京师范大学学报（社会科学版），2015（6）.

[44] 余欢，杨正凤，余跃，等.新的社会阶层人士联谊组织建设的现实困境与策略重构 [J].贵州社会主义学院学报，2023（4）.

[45] 原珂.社区基金会多样态发展成因及其优势比较 [J].中州学刊，2024（1）.

[46] 战建华，李海珍.社会组织参与乡村社会治理共同体建设：机理、困境与路径 [J].山东行政学院学报，2023（6）.

[47] 张礼建，李文靖，陈彪.新时代我国政府购买公共服务市场化面临的困境与路径选择 [J].云南行政学院学报，2024，26（1）.

[48] 张晓玉.社会组织参与乡村治理的困境及路径分析 [J].农业经济，2023（12）.

[49] 张一兵. 无形的社会织物：都市社会统治组织：列斐伏尔《都市革命》解读 [J]. 福建论坛（人文社会科学版），2024（1）.

[50] 周翔宇，董宇. 组建社会工作部推动城市基层社会治理法治化 [J]. 中共云南省委党校学报，2023，24（6）.

（五）论文类

[1] 胡振光. 社区治理的多主体结构形态研究：以佛山市 NH 区为例 [D]. 武汉：华中师范大学，2015.

[2] 黄鹤. 灾后重建中的"志愿失灵"和对策研究：基于组织建设视角 [D]. 成都：西南交通大学，2010.

[3] 李峰. 由分散到整体：中国社会组织治理模式改革研究 [D]. 长春：吉林大学，2022.

[4] 陆亚娜. 重大突发公共事件中政府与第三部门的协调应对研究 [D]. 南京：南京师范大学，2013.

[5] 马玉洁，社会治理的模式研究与路径选择：基于重庆 W 县的经验研究 [D]. 北京：北京师范大学，2014.

[6] 孙婷. 志愿失灵及其矫正中的政府责任：以北京志愿服务为例 [D]. 北京：中央民族大学，2011.

[7] 屠俪雯. 第三部门在社区治理中与相关主体的关系研究：以上海新途社区健康促进社为例 [D]. 上海：上海交通大学，2014.

[8] 辛棋. 新形势下党建引领农村善治研究：以广东顺德为个案 [D]. 北京：中共中央党校，2018.

[9] 许滟绯. 政府责任视角下社区志愿失灵研究：以上海市 Y 社区为例 [D]. 上海：复旦大学，2013.

[10] 杨依玮. 当代中国国家治理现代化的社会主义逻辑 [D]. 上海：

东华大学，2020.

[11] 易轩宇.社会组织参与社会治理的机制创新研究 [D].湘潭：湘潭大学，2015.

[12] 张璐.城市社区社会组织参与社区治理的问题研究 [D].济南：山东大学，2019.

（六）报纸类

[1] 柴振国，潘静.社会治理创新的法治路径 [N].人民日报，2014-11-17-07（7）.

[2] 戴木才.坚持依法治国和以德治国相结合 [N].人民日报，2017-02-14（7）.

[3] 籍子识.中国社会组织报告（2022）发布社会组织总量突破90万个所处行业更加丰富　成为助力乡村振兴重要力量 [N].慈善公益报，2022-11-21（8）.

[4] 坚持和完善共建共治共享的社会治理制度 [N].光明日报，2019-11-09（1）.

[5] 李路路.新阶段新理念：从"社会管理"到"社会治理" [N].中国社会科学报，2013-12-02（2）.

[6] 王晔.推进中国上海自由贸易试验区建设　加强和创新特大城市社会治理 [N].人民日报，2014-03-06（1）.

[7] 王勇.全国直接登记社会组织已超3万 [N].公益时报，2015-03-17（3）.

[8] 习近平.关于《中共中央关于制定国民经济和社会发展第十四个五年规划和二〇三五年远景目标的建议》的说明 [N].人民日报，2020-11-04（2）.

[9] 习近平. 坚持运用辩证唯物主义世界观方法论提高解决我国改革发展基本问题本领 [N]. 人民日报, 2015-01-25 (1).

[10] 习近平. 决胜全面建成小康社会 夺取新时代中国特色社会主义伟大胜利: 在中国共产党第十九次全国代表大会上的报告 [N]. 人民日报, 2017-10-28 (1).

[11] 习近平在参加上海代表团审议时强调: 当好改革开放排头兵创新发展先行者为构建开放型经济新体制探索新路 [N]. 人民日报, 2015-03-06 (1).

[12] 习近平. 在教育文化卫生体育领域专家代表座谈会上的讲话 [N]. 人民日报, 2020-09-23 (2).

[13] 俞可平. 营造官民共治的社会治理新格局 [N]. 北京日报, 2011-06-15 (14).

[14] 郁建兴. 辨析国家治理、地方治理、基层治理与社会治理 [N]. 光明日报, 2019-08-30 (11).

[15] 中共中央关于坚持和完善中国特色社会主义制度推进国家治理体系和治理能力现代化若干重大问题的决定 [N]. 人民日报, 2019-11-06 (1).

[16] 中央民族工作会议暨国务院第六次全国民族团结进步表彰大会在北京举行 [N]. 人民日报, 2014-09-30 (1).

（七）电子类

[1] 长安实践 | 执好善治之笔 答好基层治理答卷 [EB/OL]. 搜狐, 2023-05-29.

[2] 高等教育学校（机构）数 [EB/OL]. 中华人民共和国教育部, 2023-01-17.

［3］关于组织开展第二届"常州慈善奖"评选活动的通知［EB/OL］.常州市人民政府，2023-05-12.

［4］何国科.社会组织合规管理概念及内涵参考［EB/OL］.网易，2023-07-10.

［5］留守老人是公益领域的边缘性议题［EB/OL］.公益中国网，2018-12-14.

［6］南京建邺：精准打造智能化"平安联盟"探索新时代群防群治新样板［EB/OL］.平安建邺，2022-08-26.

［7］南京民政十年成就：社会组织篇［EB/OL］.江苏省社会工作协会，2022-09-27.

［8］2022年江苏各市 GDP 和人均 GDP，十三太保表现如何？［EB/OL］.搜狐，2023-05-04.

［9］2021年民政事业发展统计公报［EB/OL］.中华人民共和国民政部，2022-08-26.

［10］栖霞构筑关爱服务体系 奋力谱写残疾人事业全面发展新篇章［EB/OL］.南京市栖霞区人民政府，2023-05-22.

［11］栖霞"掌上云社区"再获奖［EB/OL］.栖霞区人民政府，2021-04-22.

［12］善借他山之石 巧琢己身之玉：南京沙洲街道社会组织社会工作者外出参访活动［EB/OL］.新华网江苏频道，2023-05-20.

［13］市政府关于公布第一届"无锡慈善奖"获奖名单的决定［EB/OL］.无锡市人民政府，2023-03-14.

［14］苏州枫桥："警+N"打造群防群治新机制［EB/OL］.新华网，2022-11-29.

［15］陶传进：战疫大考，社会组织不可盲目乐观，更不能自我陶醉

[EB/OL]. 凤凰网，2020-03-12.

[16] 推动"联勤联动"实现"群防群治"[EB/OL]. 人民网，2018-08-27.

[17] 魏礼群. 大力推进社会治理现代化 [EB/OL]. 人民网，2020-02-19.

[18] 温宪元. 实现国家治理体系和治理能力现代化 [EB/OL]. 中国共产党新闻网，2013-11-18.

[19] 无锡16个社区上榜一刻钟便民生活圈示范社区未来5年内建设80个 [EB/OL]. 无锡新传媒网，2023-05-17.

[20] 无锡市民政局多措并举促进社区社会组织发展 [EB/OL]. 江苏省民政厅，2021-08-09.

[21] 无锡新安：群防群治，构筑社区安全防线 [EB/OL]. 中国江苏网，2022-11-04.

[22] 武汉市社会工作参与抗"疫"服务专题 [EB/OL]. 中社社会工作发展基金会，2020-03-04.

[23] 习近平出席统筹推进新冠肺炎疫情防控和经济社会发展工作部署会议并发表重要讲话 [EB/OL]. 中国政府网，2020-02-23.

[24] 习近平主持召开十九届中央国家安全委员会第一次会议并发表重要讲话 [EB/OL]. 中国政府网，2018-04-17.

[25] 习近平主持召开中央全面深化改革委员会第十二次会议强调　完善重大疫情防控体制机制　健全国家公共卫生应急管理体系　李克强王沪宁韩正出席 [EB/OL]. 中国共产党新闻网，2020-02-14.

[26] 斜塘街道开展2021年度社区治理案例评选活动 [EB/OL]. 苏州工业园区管理委员会，2011-11-05.

[27] 疫情之下，社会组织在行动：北京社会组织应对疫情状况调查报

告［EB/OL］. 北京市协作者社会工作发展中心，2020-03-10.

　　［28］张强. 如何定位基金会在疫情应对中的角色和工作路径？ ［EB/OL］. 中国发展简报，2020-02-12.

　　［29］中华人民共和国国务院. 社会团体登记管理条例［EB/OL］. 正保会计网校，2012-12-21.

二、英文文献

（一）专著类

　　［1］BOZEMAN B. All Organizations Are Public：Bridging Public and Private Organization Theory［M］. San Francisco：Jossey-Bass Inc，1987.

　　［2］COLLINS R，MAKOWSKY M. The Discovery of Society［M］. New York：McGraw-Hill，2004.

　　［3］GIDDENS A. The Constitution of Society：Outline of Theory of the Structuration［M］. Cambridge：Polity Press，1984.

　　［4］HAMILTON C H. Of Voluntary Failure and Change Toward a New Theory of Voluntary Government Relations in Modern Society［M］. London：The Philanthropic Enterprise，1996.

　　［5］LOWI T J. The End of Liberalism：The Second Republic of the United States［M］. New York：W. W. Norton，1979.

　　［6］SALAMON L M，ANHEIER H. The Emerging Nonprofit Sector：An Overview［M］. Manchester：Manchester University Press，1996.

　　［7］SALAMON L M. The Tools of Government Action：A Guide to the New Governance［M］. Oxford：Oxford University Press，2002.

　　［8］TOURAINE A. Return of the Actor：Social Theory in Postindustrial Society［M］. Minneapolis：University of Minnesota Press，1988.

（二）期刊

［1］ COLEBATCH H K. Making Sense of Governance ［J］. Policy and Society, 2014, 33 (4).

［2］ PFITZER M W, BOCKSTETTE V, STAMP M. Innovating for Shared Value ［J］. Harvard Business Review, 2013, 91 (9).

［3］ SALAMON L M. Of Market Failure, Voluntary Failure, and Third-Party Government: Toward a Theory of Government-Nonprofit Relations in the Modern Welfare State ［J］. Journal of Voluntary Action Research, 1987, 16 (1-2).

附录　调查问卷

苏南地区社会组织参与社会治理创新机制研究的调查问卷

本次问卷调查旨在了解当前社会组织参与社会治理的实际状况和面临的困境，请您阅读题目后根据实际情况作答。

本次调查采用无记名形式填写，答案无对错之分，请您不必有任何顾虑，按个人实际情况作答。感谢您拨冗支持！

1. 您的性别是？

○男　　　　○女

2. 您的年龄是？

○20 岁以下　　　○20～35 岁　　　○35～55 岁

○55～65 岁　　　○65 岁以上

3. 您的学历是？

○大专以下　　　○大专　　　○本科　　　○研究生

4. 您的身份是？

○党政公务员　　　　○社区工作人员　　　○企业工作人员

○社会组织工作者　　　○居民

5. 您所在地区是？

○南京　○苏州　○无锡　○常州　○镇江　○苏南地区以外地区

6. 您对社会组织了解吗?

○非常了解　　　　　　　　○了解一点

○知道但不熟悉　　　　　　○完全不了解

7. 您所在社区有社会组织或专业社工组织各种居民活动吗?

○经常有　　　　　　　　　○偶尔有

○没有　　　　　　　　　　○不知道

8. 社会组织在您社区管理和服务中是否发挥了积极作用?

○发挥了积极作用　　　　　○发挥了一定作用

○没发挥什么作用　　　　　○不清楚

9. 您是否积极参与社区或小区社会组织策划举办的活动?

○积极参与　　　　○参与但不多　　　　○从没有参与

10. 您一般以何种身份参与社会组织的活动? (可多选)

○居委会工作人员　　　　○志愿服务者　　　○活动参与人员

○社区组织管理人员　　　○专业社工　　　　○没有参与过

○其他

11. 您认为社会组织开展的活动是否与街道、社区开展的活动重复雷同?

○总是雷同　　　　○偶尔雷同　　　　○不雷同　　　　○不清楚

12. 您认为社会组织参与社会治理的水平如何? (以 100 分为满分)

○100~80 分　　　○80~60 分　　　○60~40 分　　　○40 分以下

13. 您认为社会组织提供的基本公共服务有哪些? (可多选)

○扶贫扶老帮困助残　　○医疗卫生　　　○教育培训

○就业创业　　　　　　○妇幼保护　　　○文艺体育

○科学技术　　　　　　○支教助学　　　○社区服务

14. 您认为社会组织提供的社会专业服务有哪些? (可多选)

○社工服务　　　　○活动策划　　　○鉴定评估

○研究咨询　　　　○社会中介　　　○法律援助

○行业服务规范　　○"三农"服务　　○消防安全

15. 您认为社会组织提供的社会管理服务有哪些？（可多选）

○社会舆情检测　　　　　　　　○社会矛盾调解

○司法矫正　　　　　　　　　　○青少年管理

16. 您认为社会组织参与社会治理过程中的独立性、自主性如何？

○完全依赖政府　　　　　　　　○部分依赖政府

○不依赖政府　　　　　　　　　○没有独立性和自主性

17. 您认为社会组织工作人员的专业性如何？

○很专业，具有资格证书　　　　○大部分人员具有专业性

○少部分人员具有专业性　　　　○参差不齐

18. 您认为社会组织的相关规章制度是否清晰完善？

○清晰完善　　　　　　　　　　○制度清晰但不完善

○制度不清晰不完善　　　　　　○其他

19. 您对社会组织参与社会治理的定位和服务功能清楚吗？

○非常清楚　　　○较为模糊　　　○不清楚

20. 您认为下面哪个组织在社会治理中效率高？

○政府　　　　　　○社区　　　　　○企业　　　　　○社会组织

21. 您对社会组织参与社会治理满意吗？

○非常满意　　　○比较满意　　　○一般　　　○不满意　　　○很不满意

22. 您认为社会组织具有公信力吗？

○有公信力　　　○没有公信力　　　○一般　　　○不知道

23. 您认为当前社会组织参与社会治理存在的问题有哪些？（可多选）

○社会组织定位不明确

○制度机制不完善

○行政命令过强，政府干预过多

○专业队伍良莠不齐

○参与社会治理的深度不足

○工作方式方法灵活性不足

○开展服务活动内容与百姓需求脱节

○形式主义大于实质内容

24. 请问您对社会组织参与社会治理过程中有哪些建议?

后 记

　　《角色调适与场域嵌入——苏南地区社会组织参与社会治理的创新机制研究》即将付梓，回望这部专著的写作历程，既有对学术探索的敬畏，亦有对社会实践的感动，更有对理论创新的期待。本书以马克思主义理论为指导，以苏南地区社会组织参与社会治理的实践经验为切口，尝试从"角色调适"与"场域嵌入"的双重视角，揭示中国基层治理现代化进程中社会组织的功能定位与行动逻辑。在此，我以这篇后记，记录研究背后的思考与感悟，并向所有支持这一课题的师长、同仁、实践者致以诚挚的谢意。

　　选择苏南地区社会组织作为研究对象，最初源于一次田野调研的触动。2018 年，我在苏州某社区调研时，目睹了一家社工机构通过"微自治"项目化解邻里矛盾的案例：社区居委会、物业公司、居民代表和社会组织共同参与协商，最终以"共享花园"方案弥合了分歧。这一事件让我深刻意识到，社会组织并不仅仅是政府职能的"补充者"，而是能够通过专业化服务与创新性行动成为治理共同体的"建构者"。然而，随着调研的深入，我也发现社会组织在实践中面临诸多困境：角色定位的模糊性、资源依赖的被动性、制度空间的有限性等。这些现象促使我追问：在中国特色社会主义治理体系中，社会组织究竟应扮演何种角色？其参与社会治理的深层动力机制是什么？如何通过制度创新实现"国家社会"关系的良性互动？

　　这一追问成为本书的理论起点。苏南地区作为中国经济发达、社会活跃、治理创新的前沿区域，其社会组织的发展既具有典型性，又蕴含特殊

216

性。这里的实践既体现了中国社会治理的普遍规律，又展现了地方经验的独特智慧。因此，本书试图以苏南为样本，在马克思主义社会治理理论的框架下，结合第三部门理论、场域理论等跨学科视角，构建一个解释社会组织参与社会治理的本土化分析框架。

本书的写作是一场历时三年的"学术长跑"，其间经历了多次理论重构与案例验证。研究初期，我曾陷入"理论移植"的误区，试图直接套用西方公民社会理论解释中国社会组织的行动逻辑，却始终难以回答"为何苏南社会组织更倾向于与政府合作而非对抗"这一核心问题。这一困境促使我重新回到马克思主义的经典文本，从"国家—社会"关系的辩证视角审视中国社会组织的特殊性。习近平关于社会治理的重要论述，尤其是"共建共治共享"理念，为本书提供了根本遵循。在此基础上，我提出"角色调适"与"场域嵌入"的分析框架，强调社会组织既需要通过自我革新适应治理场域的结构性要求，又能够通过策略性行动重塑场域规则，这一双向互动过程构成了中国社会组织参与社会治理的核心机制。

田野调查是本书的根基。为获取一手资料，我与研究团队深入南京、苏州、无锡三地的 10 个街镇，访谈了 26 家社会组织负责人、39 名基层干部及近百名社区居民。在南京某公益服务中心，我见证了社会组织如何通过"社区议事厅"平台推动老旧小区加装电梯；在苏州工业园区，某环保组织通过"企业碳账户"项目撬动市场力量参与生态治理的创新实践令人振奋；而在无锡某农民工法律援助站，社会组织工作者为弱势群体权益奔走的身影更让我感受到社会治理的温度。这些鲜活案例不仅为理论研究提供了实证支撑，也让我深刻体会到中国社会组织的生命力，恰恰在于其能够将国家意志、社会需求与专业能力有机融合，在"有为政府"与"有效社会"之间架设桥梁。

本书的学术创新可概括为以下三个方面。

其一，理论视角的本土化创新。针对西方理论对中国社会组织解释力不足的问题，本书以马克思主义社会治理理论为根基，提出"政党引领型协同治理"的分析范式，强调党的领导对社会组织发展的方向性塑造作用。例如，第五章对"社会组织在重大突发事件中的角色应然"的论述，揭示了中国特色社会主义制度下社会组织"响应者"与"协同者"双重身份的内在统一性。

其二，实践逻辑的机制化阐释。通过构建"角色调适—场域嵌入—机制创新"的三维模型，本书系统论证了社会组织参与社会治理的动态过程。特别是第六章提出的"党建引领机制""五社联动机制""合规管理机制"等政策建议，既源于苏南经验，又对全国层面的治理创新具有借鉴意义。

其三，方法论上的跨学科融合。研究运用案例分析法、深度访谈法、历史比较法，并尝试将社会学"场域—资本—惯习"分析框架与政治学"国家—社会"关系理论相结合。例如，对"社会组织公益性伦理困境"的讨论，既引入伦理学视角分析志愿失灵现象，又从制度经济学角度提出激励相容的政策设计。

当然，本书仍存在诸多遗憾。例如，对苏南地区县域与乡村社会组织的考察尚显不足；量化研究中部分变量的测量精度有待提升；对"数字治理"背景下社会组织转型的探讨仍需深化。这些不足既是现有研究的局限，也为未来探索指明了方向。

本书是江苏省社科基金一般项目研究报告《苏南地区社会组织参与社会治理的创新机制研究》的结项成果。

本书是课题组成员集体智慧的结晶。其中，南京理工大学梁德友教授负责选题设计、提纲编写、调研分析以及课题的统筹工作；南京理工大学马克思主义学院博士研究生张春花负责第一、二、三、五章的写作工作（约15.3万字）；南京中医药大学马克思主义学院梁海娜博士负责第四章的写作工作（约2.6万字）；南京大学马克思主义学院博士研究生王乐负责第六章的写作工作（约2.7万字）。

党的二十大报告提出，"完善社会治理体系。健全共建共治共享的社会治理制度"，这为社会组织的未来发展指明了方向。随着中国式现代化进程的加速，社会组织必将在中国特色社会治理共同体中发挥更大作用。未来的研究可进一步拓展至三个维度：一是纵向深化，探讨乡村振兴、共同富裕等国家战略下社会组织的新使命；二是横向比较，分析长三角、珠三角、中西部地区社会组织的差异化发展路径；三是技术维度，关注人工智能、区块链等技术变革对社会组织治理模式的重塑。

"理论是灰色的，而生命之树常青。"本书或许只是社会治理研究长河中的一朵浪花，但若能为学界理解中国社会组织提供新的视角、为实践者优化治理创新提供些许启示，便不负初心。路漫漫其修远兮，唯愿以学术之微光，照治理之征途。

作者

2024 年冬于南京理工大学 100 号楼